Basispass Pferdekunde

Basispass Pferdekunde

Schritt für Schritt zur erfolgreichen Prüfung

von Anne-Katrin Hagen

CADMOS

Gestaltung: Ravenstein + Partner, Verden
Titelfoto: Christina Krumm
Innenfotos: Anneke Bosse, Heimo Bruhns, Helmut Ende, Kai Kreling, Cornelia Koller, Christina Krumm, Peter Prohn, Angelika Schmelzer, Hans J. Schmidtke, Christiane Slawik, Zoologischer Garten (Marwell)
Zeichnungen: Esther von Hacht, Anne-Katrin Hagen, Christina Krumm, Cornelia Koller, Carole Vincer

Druck: AV+Astoria, Wien

Printed in Austria

ISBN 978-386127-551-0

Inhalt

Inhalt

Inhalt

Was ist der Basispass?

Beim Basispass geht es um das elementare Wissen rund um das Wesen und die Bedürfnisse des Pferdes und den Umgang mit dem Pferd. Der Basispass ist die Grundlage für alle weiterführenden Leistungsabzeichen, also Reit- oder Westernreitabzeichen, Voltigierabzeichen, Longierabzeichen oder Fahrabzeichen, bei denen auch immer wieder Fragen zu den grundlegenden Themen aus dem Basispass eine Rolle spielen. In der Prüfung zum Basispass werden diese Grundkenntnisse abgefragt und praktisch überprüft. Die Prüfung richtet sich an alle, die Pferde lieben und möglichst sicher und gefahrlos mit ihnen umgehen möchten. Reitkenntnisse sind für die Prüfung zum Basispass nicht erforderlich!

Jeder, der keine bedeutenden körperlichen Gebrechen hat, über ein gesundes Maß an Körperbeherrschung verfügt, nervlich einigermaßen stark ist und groß genug, um einen Huf zu heben oder einen Führstrick zu halten, kann die Prüfung zum Basispass machen. Auch eine Altersbeschränkung nach oben gibt es nicht. Es ist nicht nötig, einem Reitverein anzugehören. Die Vorbereitung gelingt am besten in einem Lehrgang, in dem alle Fragen durchgenommen werden und der praktische Teil geübt wird.

Wer prüft wo?

Die Prüfung besteht aus einem theoretischen und einem praktischen Teil. Sie wird von zwei FN-Richtern abgenommen, also von Richtern der Deutschen Reiterlichen Vereinigung (französisch „Fédération Equestre Nationale“, Abkürzung FN), die auch auf Turnieren richten. Die Prüfung findet in einem Reiterverein oder einer Reitschule statt. Es gibt keine Wertnoten, sondern nur das Urteil „bestanden“ oder „nicht bestanden“. Ist die Prüfung bestanden, wird dem Prüfling von den Richtern die FN-Prüfungsurkunde „Basispass Pferdekunde“ überreicht. Hat es beim ersten Mal nicht geklappt, ist das nicht allzu schlimm: Die Prüfung kann jederzeit wiederholt werden.

! Für den Basispass Pferdekunde werden keine Reitkenntnisse gebraucht!

So muss man sich die Urform des Pferdes vor rund 70 Millionen Jahren, den Eohippus, vorstellen. Zeichnung: von Hacht

Entwicklungsgeschichte des Pferdes

Die Entwicklungsgeschichte des Pferdes reicht ungefähr 70 Millionen Jahre zurück! Seit etwa 8000 Jahren begleitet es den Menschen als Haustier, also eine vergleichsweise kurze Zeit.

Die Urform des Pferdes, der Eohippus, war ein katzen- bis fuchsgroßes Tier mit schlanken Gliedmaßen. Ganz am Anfang hatte er noch fünf Zehen wie eine Katze. Im Laufe der Evolution wurde der Eohippus allmählich größer, und es verkümmerten erst die beiden äußeren Zehen und später nochmals zwei weitere Außenzehen. So wurde das Pferd zum Einhufer. Unsere Pferde laufen also auf der mittleren Zehe.

Als Vorfahren unserer modernen Pferde gelten die Przewalskipferde. Die letzten dieser echten Wildpferde wurden im 19. Jahrhundert zum ersten Mal am Rande der Wüste Gobi entdeckt. Heute kann man sie nur noch im Zoo bewundern.

So sieht das Przewalskipferd aus. Es gilt als Vorfahre unserer modernen Pferde. Foto: Zoologischer Garten, Marwell

Das Wesen des Pferdes

Unsere Pferde sind in ihrem Wesen bis auf den heutigen Tag mehr oder weniger vom Wildpferd geprägt. Sie haben Bedürfnisse, die man nur aus der Entwicklungsgeschichte heraus verstehen und respektieren kann.

Herdentier

Die Urpferde lebten in der Steppe in Herden mit einer Leitstute als „Chefin". Auch für unsere Pferde ist Kontakt zu Artgenossen ganz wichtig! Ähnlich wie wir Menschen schließen sie Freundschaften und hegen Abneigungen. Gegenseitige Fellpflege, Laufspiele und ständige Kommunikation gehören zu ihrem sozialen Verhalten. Der Mensch vermag dieses Bedürfnis nicht ganz zu befriedigen. Er ist nur Ergänzung und kein Ersatz für den Kontakt mit Artgenossen. Fehlt der Sozialkontakt, können Langeweile und Einsamkeit zu Verhaltensstörungen führen, zum Beispiel zum Koppen oder Weben. Deshalb sollten Pferde so oft wie möglich auf die Weide und im Winter in den Paddock. Aber niemals sollte ein Pferd allein auf der Weide stehen! Nur sehr wenige Pferde können das aushalten. Als Herdentier fühlt es sich ausgegrenzt, es fängt an, hin und her zu rennen und bricht unter Umständen aus der Weide oder dem Paddock aus. Auch wenn man sein Pferd von der Koppel holt, muss man darauf achten, dass nicht ein anderes allein zurück bleibt!

> **!** Nie ein Pferd allein auf die Weide stellen oder im Paddock zurücklassen!

In der Herde der Wildpferde herrschte eine eindeutige Rangordnung. Die Leitstute achtete streng auf die Einhaltung der Regeln, die für das einzelne Tier auch Sicherheit und Geborgenheit boten. Das ist in abgeschwächter Form bei unseren Weidepferden heute noch genau so.

Für den Reiter bedeutet dies, dass er die Rolle der Leitstute übernehmen muss. Es ist enorm wichtig, dass der Mensch unter allen Umständen vom Pferd respektiert wird. Ist das nicht der Fall, kann es zu schweren Unfällen kommen. Um sich Respekt zu verschaffen, sollte man klar und deutlich in seinen Anweisungen sein und konsequent auf deren Ausführung bestehen. Man sollte auf keinen Fall grob werden, obwohl Pferde untereinander auch nicht zimperlich sind. Es ist nicht richtig, die Pferde zu vermenschlichen! Das Pferd bleibt ein Pferd, es denkt und handelt wie ein Pferd! Dann kann der Mensch Freund und Chef zugleich sein.

Fluchttier

Ihr Überleben verdanken die Pferde ihrem Fluchtinstinkt. Bei der geringsten Gefahr – sei sie nur als eine solche empfunden oder tatsächlich vorhanden – stürmt die ganze Herde davon. Pferde stellen sich nur dann zum Kampf, wenn sie keinen anderen Ausweg sehen. Der Fluchtinstinkt ist bei den heutigen Pferden noch stark ausgeprägt: „Erst weglaufen, dann hinschauen" lautet die Devise.

Das Pferd nimmt seine Umwelt ganz anders wahr als wir Menschen. Seine großen Augen mit den ovalen Pupillen liegen seitlich am Kopf. Es sieht seine Umgebung auf andere Weise und es kann viel besser hören und riechen als wir. Deshalb nimmt es überall vermeintliche „Gespenster" wahr, vor denen es flüchten möchte. Die Aufgabe des Menschen ist es, seinen Vierbeiner mit der Umwelt vertraut zu machen. Er muss das Pferd an ungewohnte Anblicke ebenso gewöhnen wie an fremde Geräusche und Gerüche. Es wäre grundfalsch, das Pferd zu bestrafen, wenn es sich erschrickt und scheut – dieses Verhalten ist ihm angeboren! Das Pferd verbindet bei einer Bestrafung die „Gefahr" mit dem Schmerz und man erreicht das Gegenteil. Hier hilft nur, Vertrauen herzustellen.

Lauftier

Als Steppentier war das Pferd rund 16 Stunden am Tag wandernd damit beschäftigt, Futter zu suchen. Seine Tagesration verteilte sich dadurch über den ganzen Tag. Nur auf der Flucht wurde getrabt oder galoppiert.

> Um dem Bewegungsdrang der Pferde gerecht zu werden, brauchen sie täglich viel Auslauf. Stehtage schaden dem Pferd!

Um dem noch immer genauso ausgeprägten Bewegungsbedürfnis der heutigen Pferde nachzukommen, ist es nötig, sie täglich zu bewegen und zusätzlich für genügend Auslauf auf der Koppel oder im Paddock zu sorgen. Bewegungsmangel und Übermut sind oft Ursache für Krankheiten und Schäden am Bewegungsapparat. Stehtage müssen vermieden werden! Sie sind nur für das Stallpersonal gut!

Wenn das Steppenpferd früher als Dauerfresser ständig kleine Mengen Futter zu sich nahm, so sollten unsere heutigen Pferde, um Erkrankungen und Mangelzustände zu vermeiden, ihre Futterration in möglichst vielen, kleinen Portionen bekommen: Das Kraftfutter muss auf mindestens drei Mahlzeiten täglich verteilt werden und die Raufuttergaben sind so zu planen, dass sie auch für Beschäftigung sorgen. Damit immer frisches Wasser zur Verfügung steht, ist eine Selbsttränke am besten geeignet.

In der Steppe war das Pferd das ganze Jahr über Wind und Wetter, Kälte und Hitze ausgesetzt und hatte sich mit seinem Körper darauf eingerichtet. Es wurde nicht geputzt, sodass Hautfett und Dreck eine dicke Isolierschicht bildeten. Für unsere Pferde bedeutet das: Wenn sie nicht robust gehalten werden, müssen sie wenigstens viel frische Luft und möglichst viel Licht in ihrem Stall haben. Die Temperatur sollte der jeweiligen Außentemperatur angeglichen sein, nur extreme Temperaturen sollten abgemildert werden.

> Der Fluchttrieb, der Herdentrieb, der Bewegungsdrang und das Bedürfnis nach viel Licht und Luft sind den Pferden angeboren!

Dösende Pferde müssen erst geweckt, das heißt angesprochen werden, bevor man sich ihnen nähert.
Foto: Schmelzer

So sieht ein freundliches, aufmerksames Pferd aus. Die Ohren sind gespitzt, das Auge groß und klar, das Maul entspannt

Dieses Pferd zeigt leichte Unruhe. Es spielt mit den Ohren und das Maul ist leicht gespitzt.

Das Pferd hat die Ohren flach zurückgelegt, das Auge zeigt einen weißen Ring, die Nüstern sind zusammengezogen, die Zähne sind gebleckt – es droht! Hier ist äußerste Vorsicht geboten!
Zeichnungen: Christina Krumm

Verhalten des Pferdes

Ihrem Rang in der Herde entsprechend zeigen Pferde verschiedene Ausdrucksformen. Sie sind bei Stuten und Hengsten unterschiedlich. Man sollte sie erkennen, um Missverständnisse und damit Unfälle zu vermeiden.

Gesichtsausdruck

Ein dösendes Pferd, gekennzeichnet durch die halb geschlossenen Augen und die entspannte Ohren- und Maulpartie, schläft fast im Stehen. Man muss es unbedingt ansprechen, bevor man sich ihm nähert, damit es nicht erschrickt.

Wenn Pferden ein besonderer Geruch in die Nase steigt, flehmen sie. Foto: Schmelzer

Mit vorgeschobener Unterlippe und seitlich gestellten Ohren – dem typischen Putzgesicht – zeigt das Pferd deutlich, dass es das Kraulen an der Mähne genießt. Foto: Keller

Das Fohlen, das in dieser Situation dem erwachsenen Pferd nicht ausweichen kann, signalisiert seine Unterlegenheit durch das Kauen. Foto: Ettl

Ein gähnendes Pferd zeigt an, dass es müde ist oder dass es sich sehr wohl fühlt. Das Gähnen kann allerdings auch ein Anzeichen für Magenschmerzen sein.

Das Schmerzgesicht – die Oberlippe zieht sich zusammen und die Ohren sind steil aufrecht und nach hinten gedreht – zeigt ein Pferd, wenn man einen sehr schmerzempfindlichen Punkt berührt, zum Beispiel beim Abdrücken des Hufes mit einer Zange auf der Suche nach einem Hufgeschwür.

Pferde flehmen, wenn sie besondere Gerüche wahrnehmen. Besonders Hengste und Wallache flehmen, wenn sie eine rossige Stute wittern. Auch ein kolikkrankes Pferd flehmt manchmal – dann ist das Flehmen eine Schmerzäußerung.

Beim Drohgesicht werden die Ohren angelegt, die Zähne sind gebleckt. Einem drohenden Pferd darf man sich nur sehr vorsichtig nähern.

Das Putzgesicht zeigt Wohlbefinden bei der sozialen Fellpflege.

Die Unterlegenheitsgebärde zeigen junge Pferde gegenüber ranghöheren Herdenmitgliedern. Sie ähnelt einer Kaubewegung bei meist hoch gehobenem Kopf.

Lautäußerungen

Wiehern: Wenn ein Pferd wiehert, kann das verschiedene Gründe haben. Es ruft nach Artgenossen oder nach dem Futterwagen. Es kann eine Art Begrüßung sein. Jeder hat es schon gehört.

Stöhnen: Im tiefen Schlaf, aber auch bei starken Schmerzen stöhnen Pferde.

Schnorcheln oder Prusten: Wenn sich das Pferd vor etwas ängstigt, atmet es „schnorchelnd“ mit weiten Nüstern.

Dieses Geräusch warnt andere Pferde vor einer möglichen Gefahr.

Schnauben zeigt meistens Entspannung an. Wenn das Pferd beim Reiten schnaubt, darf sich der Reiter freuen! Der Eimer mit Möhren wird schnaubend begrüßt. Schnauben ist immer gut – es zeigt, dass das Pferd sich wohl fühlt.

Quieken oder Quietschen hört man häufig bei Pferden, die auf der Weide voller Lebens- und Bewegungslust herumtoben. Stuten quietschen oft bei der Kontaktaufnahme zu anderen Pferden und schlagen dabei manchmal auch mit einem Vorderbein aus, um ihre Position klarzustellen oder Abwehr zu signalisieren.

Körperhaltung

Die Körperhaltung sagt sehr viel über die Befindlichkeit eines Pferdes aus. Wenn man sich dem Pferd nähert, sollte man die Körperhaltung erkennen und richtig deuten können, um Gefahrensituationen zu vermeiden.

Die Möglichkeiten reichen von der totalen Entspannungshaltung beim Dösen – dann muss das Pferd angesprochen werden, bis es zu erkennen gibt, dass es den sich nähernden Menschen wahrgenommen hat – bis zur Achtungsstellung mit hoch erhobenem Kopf und steil aufgestellter Schweifrübe in höchster Anspannung. In diesem Fall ist Vorsicht geboten! Hier hilft Beruhigung und konsequentes Handeln. Dreht ein Pferd die Kruppe zur Tür, wenn man es aus der Box holen möchte, zeigt es womöglich Unlust, weil es überfordert worden ist. Trägt es zudem Kopf und Hals tief, könnte es krank oder sehr müde sein. Wenn man sich bei der ersten Begegnung am Tag ganz auf das Pferd konzentriert, kann man schon eine ganze Menge über seinen Gemütszustand erfahren.

Bewegung als Ausdrucksform

Wie Pferde sich in Freiheit auf der Weide bewegen, hängt nicht nur von ihrem Temperament, also dem unterschiedlichen Bewegungsdrang ab, sondern ist geschlechtsspezifisch. Hengste umkreisen Stuten im Imponiertrab. Auch einige Stuten zeigen Imponiergehabe, wenn sie aufgeregt sind.

Hengste bekämpfen andere Hengste, indem sie steigen, beißen, mit den Vorderhufen schlagen und dabei wiehern oder regelrecht schreien. Wallache spielen besonders gern. Sie beißen einander in die Beine, rennen um die Wette und denken sich eine Menge Unsinn aus.

Stuten legen anderen Stuten gegenüber häufig die Ohren an, beißen und schlagen mit der Hinterhand. Sie sind ganz besonders auf die Einhaltung der Rangfolge bedacht. Es kann passieren, dass eine ranghohe Stute den Zugang zur Tränke blockiert und alle anderen Pferde wegbeißt. Dann muss der Mensch für Abhilfe sorgen.

Vertrauen heißt Sicherheit

Im grünen Bereich kann das Pferd mit beiden Augen scharf sehen. Der rote Bereich zeigt den toten Winkel, in dem das Pferd nichts sehen kann. Im braunen Bereich kann das Pferd nur mit dem linken beziehungsweise mit dem rechten Auge sehen. Zeichnung: von Hacht

Vertraut ein Pferd „seinem" Menschen, trägt dies entscheidend zur Sicherheit bei. Vertrauen entsteht, wenn der Mensch die angeborenen Verhaltensmuster kennt und respektiert, die Bedürfnisse des Pferdes achtet und es nicht ungerecht bestraft. Ist der Zweibeiner das „Leittier" und verhält er sich in Gefahrensituationen überlegt und verantwortungsvoll, so wird sich das Pferd sicher fühlen und nicht so schnell in Panik geraten. Es wird sich an seinem Freund orientieren und bei ihm Schutz suchen. Das bedeutet: Der Mensch muss als erste Maßnahme dafür Sorge tragen, dass sich das Pferd bei ihm auch sicher fühlen kann! Die nähere Umgebung des Pferdes, (Box, Stallgasse, Putzstand, Weidetor und -zäune) muss so gestaltet sein, dass das Pferd sich nicht verletzen kann. Alle Stallgeräte sollten stets beiseite geräumt werden. Immer wieder muss man alle Holzteile nach Splittern, hervorstehenden Nägeln, Ecken und Kanten absuchen. Auf dem Boden liegende Halfter, Strohbänder und Führstricke können ebenfalls zu Verletzungen führen.

Wie stellt man Vertrauen her?

Als Erstes muss man bedenken, dass sich das Sehvermögen eines Pferdes von dem des Menschen stark unterscheidet. Die Augen des Pferdes sind seitlich am Kopf angeordnet, und nur in dem relativ kleinen Bereich, den ein Pferd mit beiden Augen erfasst, kann es Dinge scharf sehen. Direkt vor und hinter dem Pferd befindet sich ein toter Winkel, in dem es nichts sehen kann. Durch leichte

Drehung des Kopfes hat es jedoch eine fast komplette Rundumsicht.

Pferde dösen sehr häufig im Stehen. Sie erschrecken, wenn sie plötzlich berührt werden, springen vor oder schlagen sogar aus. Man sollte sich dem Pferd also immer schräg von vorn nähern und es ansprechen. Hebt oder wendet es den Kopf, weiß man, dass man bemerkt worden ist. Nun darf man an das Pferd herantreten.

Der Geruchssinn der Pferde ist sehr fein ausgeprägt. Sie können schmackhafte von ungenießbaren Kräutern auf der Koppel unterscheiden – und natürlich auch verdorbenes Futter oder Medizin im Hafer erschnuppern. Pferde begrüßen sich auf der Weide durch Beschnuppern, und ihre Nase sagt ihnen sofort, ob sie es mit Freund oder Feind zu tun haben. Will ein Mensch sich ein Pferd vertraut machen, so lässt er es an seiner Hand schnuppern. Legt das Pferd die Ohren an, heißt es, äußerst vorsichtig zu sein! Vielleicht riechen die Hände nach etwas Unangenehmem? Sind die Pferdeohren hingegen freundlich gespitzt, geht man vorsichtig dazu über, das Pferd am Hals, am Nackenkamm oder zwischen den Augen zu streicheln. Damit übernimmt der Mensch bereits die Rolle des fellkraulenden Artgenossen aus der Herde. Wenn ein Pferd es zulässt, dass ein Mensch ihm die Stirn krault, ist das ein starker Vertrauensbeweis! Dieses Vertrauen muss immer wieder hergestellt und vertieft werden. Das Putzen als eine Art soziale Fellpflege ist ein solcher Freundschaftsdienst.

Während man sich mit dem Pferd beschäftigt, sollte man freundlich und leise mit ihm sprechen. Es ist nötig, dass das Pferd an die menschliche Stimme gewöhnt wird! Zum einen ist sie ein Hilfsmittel beim späteren Reiten, zum anderen kann sie auch mal scharf verwarnend eingesetzt werden und ist damit allemal besser als ein Schlag mit der Gerte. Die beruhigende Stimme beim Putzen, Satteln und Trensen, beim Hufschmied und beim Tierarzt fördert das Vertrauen ganz entscheidend! Dann kann man sich auch in brenzligen Situationen auf die beruhigende Wirkung der Stimme verlassen. Wenn das Pferd nicht an die beruhigende Stimme gewöhnt ist, nützt es wenig, wenn man in einer schwierigen Situation „gaaanz ruuuhiiig" haucht oder sogar schreit. Leckerli sollten nur zur Belohnung für besondere Leistungen gegeben werden. Damit das Pferd nicht versehentlich die Finger zwischen die Zähne nimmt, reicht man sie auf der flachen Hand.

Pferde hören besser und riechen mehr als der Mensch; außerdem sehen sie fast alles, was sich um sie herum tut. Nur direkt vor der Stirn und hinter der Kruppe ist ein toter Winkel, in dem sie nichts sehen, wenn sie nicht ihren langen Hals wenden.

Im Offenstall fühlen sich die meisten Pferde wohl. Foto: Koller

Pferdehaltung

Im Wesentlichen lassen sich drei verschiedene Haltungsformen unterscheiden:

Im Laufstall werden mehrere Pferde in einem großen Stall als Herde gehalten. Ein solcher Stall wird häufig in der Aufzucht verwendet. Die Größe des Stalles muss sich natürlich nach der Anzahl der Fohlen und Pferde richten. Vorteil ist, dass soziale Kontakte gepflegt werden können. Außerdem ist die Aufstallung im Laufstall artgerechter als die Boxenhaltung.

Die Gruppenauslaufhaltung oder Offenstallhaltung ähnelt der Laufstallhaltung. Sie hat aber stets einen frei zugänglichen Auslauf und sollte über getrennte Fress- und Liegebereiche verfügen. Die Pferde müssen aneinander gewöhnt sein und zueinander passen. Wenn ein dominantes Pferd in der Gruppe ist, kommen die ängstlichen und schwächeren Pferde zu kurz. Es müssen genügend Rückzugs- und Ausweichflächen vorhanden sein. Diese Art der Aufstallung entspricht am ehesten der artgerechten Haltung, weil Bewegung und Fressen jederzeit möglich sind.

Bei der Einzelaufstallung sind die Pferde meist in Boxen in einem geschlossenen Stall untergebracht oder in Außenboxen mit Fenstern, die sich öffnen lassen, damit die Pferde hinausschauen können. Die Boxen müssen groß genug sein: Ein Pferd mit einem Stockmaß von 1,70 Meter braucht eine mindestens zwölf Quadratmeter große Box. Sportpferde werden meist auf diese Weise untergebracht. Die Vorteile dieser Haltungsform bestehen darin, dass die Pferde individuell gefüttert und besser überwacht werden können und dass die Verletzungsgefahr geringer ist. Die Nachteile sind, dass das Pferd als Lauftier zu wenig Bewegung hat. Das schadet dem Bewegungsapparat, den Atemwegen und dem Kreislaufsystem. Es kann sich auf Grund von Langeweile Untugenden wie Weben oder Koppen angewöhnen. (Wenn ein Pferd webt, wiegt es Kopf und Hals rhythmisch hin und her und tritt dabei von einem Bein auf das andere. Das schadet natürlich den Beinen. Beim Koppen oder Krippensetzen setzt das Pferd die Zähne auf eine Kante und zieht Luft durch den Kehlkopf in sich hinein, ähnlich wie rückwärts rülpsen - das hört sich auch so an. Das kann zu Koliken und schlechter Futterverwertung führen). Außerdem fehlt häufig der Kontakt zu Artgenossen, den das Pferd als Herdentier unbedingt braucht.

Bei allen Haltungsformen sollte die Temperatur im Stall ähnlich der Außentemperatur sein, extreme Temperaturen sollten aber abgemildert werden. Die Luftfeuchtigkeit sollte 60 bis 80 Prozent betragen. Ist die Luft feuchter und zudem wärmer, kann es zu Atemwegserkrankungen kommen. Schimmelpilze, Parasiten und Krankheitserreger fühlen sich in warmer, feuchter Luft sehr wohl. Der Stall sollte hell sein mit mindestens 1 Quadratmeter Fensterfläche pro Pferd.

Ein gut belüfteter Stall, in dem die Pferdeäpfel und nassen Stellen in der Einstreu regelmäßig entfernt werden, hat eine geringe Ammoniakkonzentration. Dieses Schadgas reizt die Schleimhäute und führt leicht zu Atemwegserkrankungen. Pferde können Kälte oder große Wärme viel besser verkraften als wir Menschen. Sie vertragen aber keine kleinfächige Zugluft!

Auch die Außenflächen eines Offenstalls müssen stets sauber, trocken und gepflegt sein. Foto: Koller

Keine der Haltungsformen garantiert jedoch ausreichende Bewegung für das Steppentier Pferd. Um dem Bewegungsbedürfnis des Pferdes genügend entsprechen zu können, sollte der Reiter sein Pferd täglich bewegen. Stehtage schaden dem Pferd! Es sollte zusätzlich für möglichst viel Auslauf auf der Weide oder im Paddock gesorgt werden. Aber bitte mit Verstand: Es ist nicht sinnvoll, ein Pferd, welches jeden Tag geputzt wird (also ein nahezu fettfreies Fell besitzt) und zudem im Stall eingedeckt ist, ohne Decke bei Wind und Wetter oder Dauerregen für viele Stunden in einen matschigen Paddock zu stellen!

Ein überschäumendes Losbuckeln des Pferdes, weil es seit Wochen nicht auf der Weide war, kann zu üblen Verletzungen führen. „Ich schmeiß das Pferd heute raus!" darf kein Alibi sein für Zeitmangel, fehlende Lust oder Ähnliches. Der Reiter ist für sein Pferd verantwortlich!

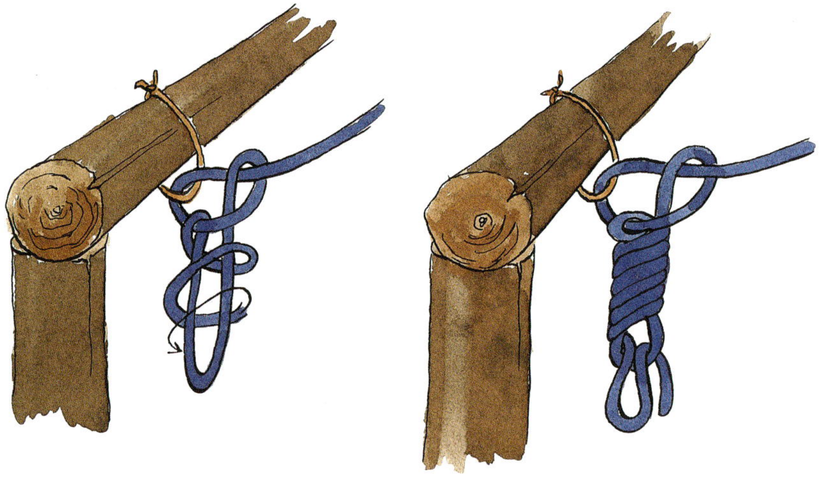

Der Sicherheitsknoten: Wichtig ist, dass man das letzte Ende des Stricks nicht ganz durch die Schlaufe zieht, weil der Knoten sich sonst zuziehen kann. Zeichnung: von Hacht

Aufhalftern, Anbinden und Führen

Aufhalftern

Zum Aufhalftern nimmt man das Halfter in die linke Hand, stellt sich links neben das Pferd und hält mit der rechten Hand zunächst das Nasenbein des Pferdes. Die linke Hand hält das Halfter am Genickstück und führt es bis zur Augenhöhe des Pferdes. Jetzt ergreift die rechte Hand erst den Nasenriemen, um ihn über die Nase zu führen, und gleich darauf das Backenstück. Dann wird das Halfter über beide Ohren gestreift, die dabei nicht eingeklemmt werden dürfen. Die rechte Hand bleibt dicht am Pferdekopf, um notfalls zu verhindern, dass das Pferd den Kopf hochnimmt oder so weit nach rechts wendet, dass man keine Chance hat es aufzuhalftern. Bei sehr braven Pferden greifen beide Hände je ein Backenstück und ziehen das Halfter, nachdem das Pferd seine Nase in den unteren Teil des Halfters gesteckt hat, über den Kopf. Man kann das Halfter entweder am Kehlriemen oder am Kopfstück schließen, wenn es dort eine Schnalle gibt.

Wichtig ist der passende Sitz des Halfters am Pferdekopf! Es darf weder zu eng sein noch darf es sich abstreifen lassen. Der Führstrick wird mit dem Panikhaken am unteren Ring des Halfters eingeklinkt. Der Führstrick muss immer einen

Panikhaken haben, der sich auch dann öffnen lässt, wenn das Pferd den Strick unter Spannung hält.

Anbinden

Ein Pferd darf niemals am Zügel angebunden werden! Wenn es sich losreißt, zerreißt es nicht nur die teure Trense, sondern kann sich auch noch erheblich verletzen. Auf jeden Fall muss das Pferd an einem festen Gegenstand angebunden werden, etwa an einem Anbindering an einer Mauer oder an einem festen Balken. Ein dünner Baum, ein Stuhl oder Tisch sind ungeeignet! Sie könnten mitgeschleift werden und das Pferd zu panischer Flucht veranlassen. Zum Anbinden trägt das Pferd immer ein Halfter, das notfalls über die Trense gezogen wird. Das Strickende wird mit einem Sicherheitsknoten an einer Schlaufe aus Bindegarn von Stroh- oder Heuballen befestigt, die um den Balken gebunden oder durch den Anbindering gezogen wird. Dieser Knoten lässt sich bei Gefahr leicht aufziehen, falls der Panikhaken blockiert.

Die Schlaufe aus Bindegarn hat sich bewährt, weil sie reißt, wenn man in größter Not weder den Panikhaken noch den Sicherheitsknoten lösen konnte. In vielen Ställen ist es üblich, die Pferde auf der Stallgasse beidseitig, also mit zwei Stricken anzubinden. Dann werden die Panikhaken in die seitlichen Ringe des Halfters geschnallt. Das ist praktisch, weil die Pferde ruhiger stehen, nicht hin- und hertreten können und es ihnen unmöglich ist, an den Boxwänden herumzuknabbern.

So wird richtig mit Halfter und Strick geführt, wenn man in vertrauter Umgebung ist.
Foto: Schmidtke

Führen

Führt man ein Pferd außerhalb der gewohnten Umgebung, sollte es aus Sicherheitsgründen immer aufgetrenst sein! Nur im vertrauten Stallbereich und nur von einer Person, die das Pferd sehr gut kennt, darf es auch am Halfter, aber niemals ohne Strick geführt werden. Ein Halfter ohne Strick lässt sich allzu leicht aus der Hand reißen! Die rechte Hand fasst den Strick etwa 30 Zentimeter unterhalb des Panikhakens, während die linke Hand das Ende des Stricks hält. Auf keinen Fall darf der Strick um die Hand gewickelt werden!

Zum Führen mit Trense nimmt man die Zügel vom Hals und fasst mit der rechten Hand beide Zügel etwa eine Handbreit unterhalb der Trensenringe,

Das Pferd wird immer rechts herum gewendet. Die erhobene Hand leitet die Wendung ein.
Foto: Krumm

wobei der Zeigefinger die Zügel voneinander trennt. Kinder mit kleinen Händen nehmen das Zügelende in die linke Hand. Große Leute nehmen es mit in die rechte Hand. Weder Strickende noch Zügel dürfen vor den Pferdebeinen herumbaumeln.

Grundsätzlich geht man an der linken Seite des Pferdes. Muss man ein Pferd wenden – ob auf dem Hofplatz beim Vorführen vor dem Tierarzt oder auf der Stallgasse – geht der Reiter den großen Bogen und das Pferd den kleinen. Man wendet also immer rechts herum. Damit verhindert man, dass das Pferd dem Führenden auf die Füße tritt oder ihn sogar umrennt. Notfalls hebt man ruhig die linke Hand in die Höhe des Pferdeauges, um die Rechtswendung zu erleichtern. Im Freien sollte man sich das zur Regel machen!

Das korrekte Führen und Vortraben sollte regelmäßig geübt werden!

Pferde aneinander vorbeiführen

Muss man sein Pferd an einem anderen Pferd auf der Stallgasse vorbeiführen, so spricht man das andere Pferd kurz an und schaut, ob es etwa die Ohren anlegt und droht: Dann ist Hilfe erforderlich. Bleibt alles ruhig, wird das eigene Pferd zügig und energisch an dem anderen vorbei geführt. Bei engen Durchlässen, Gartenpforten, engen Stalltüren und ähnlichen Engpässen geht der Führende energisch voran, wobei die Zügel oder der Führstrick entsprechend länger gelassen werden, und schaut das Pferd nicht an. Das Pferd wird folgen.

Freilassen auf die Koppel oder in den Paddock

Wenn ein Pferd auf die Koppel geführt wird, darf es keinesfalls an seinem Menschen vorbeistürmen, da die Gefahr besteht, dass es vor Freude auskeilt oder dem Menschen den Strick durch die Hand zieht. Um das zu vermeiden, führt man das Pferd durch das weit geöffnete Weidetor und dreht es zum Zaun um. Das Tor wird geschlossen, das Pferd kurz gelobt (ein kleines Leckerli ist jetzt sehr angebracht!), der Strick wird ausgeklinkt oder das Halfter abgenommen und das Pferd darf sich der Weide zuwenden. Ob das Halfter abgenommen wird oder nicht, ist in den Ställen unterschiedlich geregelt – man sollte die Regelung erfragen. Einerseits ist es oft schwierig, ein Pferd auf offener Weide aufzuhalftern. Zwar lässt sich ein Pferd mit Halfter schneller greifen, doch ist die Verletzungsgefahr mit einem Halfter auf der Weide größer.

Wenn sie die Möglichkeit dazu haben, helfen sich Pferde gegenseitig bei der Fellpflege. Zeichnung: Krumm

Pferdepflege

Fellpflege

Das Putzen gehört zu den schönsten Beschäftigungen am Pferd – Mensch und Tier genießen es oft beide! In der Natur beknabbern und kraulen sich Pferde gegenseitig das Fell mit den Zähnen und der Oberlippe und zeigen sich gegenseitig, wo sie es am liebsten hätten, nämlich dort, wo sie selbst nicht hin gelangen können. Deshalb kann man beobachten, dass sich Pferde meistens an der Mähne, am Widerrist und auf dem Rücken kraulen.

Unsere heutigen Reitpferde verbringen oft noch immer die meiste Zeit im Stall, also muss der Mensch die Fellpflege übernehmen. Indem der Mensch mit Striegel und Kardätsche putzt, wird die Haut des Pferdes ganz und gar durchmassiert und die Durchblutung gefördert. Staub, Schweiß und Schmutz werden mit dem Striegel gelockert und mit der Kardätsche herausgebürstet. Man beginnt an der linken Halsseite am Genick. Mit kräftigen Bewegungen und etwas Druck führt man den Striegel (aus Kunststoff oder aus Metall) mit dem und gegen den Haarstrich hin und her. Oft klopft man den Striegel auf dem Fußboden aus (nicht an der Boxwand!), um den gelösten Schmutz aus dem Striegel zu schlagen. So striegelt man das ganze

Pferd vom Genick über Schulter, Brust, Rücken, Rippen, Bauch, Kruppe bis zum Sprunggelenk. Manche Pferde sind am Bauch sehr kitzelig. Am besten legt man die freie Hand auf den Rücken, um beruhigend zu streicheln, während die andere den Bauch bearbeitet.

Überall dort, wo Knochen dicht unter dem Fell liegen – auf der Schulter, dem Widerrist, der Wirbelsäule und den Hüften – ist man natürlich sehr vorsichtig und striegelt mit ganz wenig Druck. Für diese Bereiche kann man einen weicheren Gummistriegel verwenden.

Die Beine werden kräftig mit einer Wurzelbürste abgebürstet. Auch zwischen den Vorderbeinen und an den Innenseiten der Beine putzen!

Den Kopf bürstet man vorsichtig mit einer kleineren Kopf- oder „Schmuse"-bürste, weil das Fell dort sehr dünn ist und die Knochen dicht unter dem Fell liegen. Besonders hinter den Ohren, wo das Genickstück der Trense aufliegt, und am Kehlgang ist es wichtig, dass das Fell sauber ist.

Nun nimmt man den Striegel in die rechte Hand und die Kardätsche in die linke und beginnt wieder an der linken Halsseite, das Pferd in langen Strichen in Fellrichtung abzubürsten. Nach jedem Strich streicht man kurz und kräftig die Kardätsche über den Striegel, um die Bürste sauber zu halten. Und immer wieder wird der Striegel auf der Stallgasse ausgeklopft. Jetzt werden auch die Beine mitgebürstet. Wenn die rechte Seite des Pferdes mit der Kardätsche bearbeitet wird, wechselt auch die Bürste von der linken Hand in die rechte und der Striegel von der rechten in die linke Hand. Es wird so lange gebürstet, bis das Fell sich seidig anfühlt und schön glänzt.

Nur an einem warmen Sommertag darf das Pferd gewaschen werden, wenn es allzu verschwitzt oder staubig ist. Man beginnt bei den Vorderhufen und -beinen. Langsam richtet man den Wasserstrahl über die Schulter und zum Hals. Den Kopf verschont man mit dem Strahl, da ist ein Schwamm geeigneter. Dann kommen die Hinterbeine dran, und vorsichtig kann man mit dem Wasserschlauch über die Kruppe sprühen. Die Nierenpartie sollte nur an wirklich heißen Tagen nass gemacht werden. Als

Diese Dinge braucht man für die Pferdepflege: Striegel und Kardätsche, Schmusebürste für den Kopf, Wurzelbürste, Hufkratzer und Huffett, Hufbürste, Drahtbürste, Schere und Schweiflotion und ein weiches Tuch oder einen Fellhandschuh für den letzten Schliff. Foto: Krumm

Die einzelnen Schweifhaare werden vorsichtig einzeln aus dem ganzen Bündel herausgelesen. Foto: Schmelzer

Shampoo sollte ein mildes, rückfettendes Spezialshampoo verwendet werden, das die Pferdehaut nicht schädigt und das natürlich zum Schluss gut ausgespült werden muss!

Mit einem Schweißmesser wird die Nässe in Fellrichtung herausgestreift. Mit einem alten Frotteehandtuch beseitigt man die letzte Feuchtigkeit. Nun wird das Pferd so lange im Sonnenschein geführt, bis es ganz trocken ist. Auf keinen Fall darf das noch feuchte Pferd Zugluft ausgesetzt werden! Anschließend wird das Fell nochmals kräftig gebürstet.

Pflege des Langhaares

Als Langhaar bezeichnet man Mähne und Schweif des Pferdes. Die meisten Pferde genießen es, wenn die Mähne kräftig bearbeitet wird. Eine sehr dünne und lange Mähne allerdings wird nur vorsichtig gebürstet und gekämmt. Mit speziellen Sprühlotionen für das Langhaar sind Mähne und Schweif leichter zu kämmen, was die Arbeit erleichtert. Eine Drahtbürste, ähnlich wie Mädchen sie für ihr langes Haar benutzen, eignet sich recht gut. Aber auch eine Wurzelbürste tut gute Dienste. Die lange Mähne wird von oben und von unten (wobei man die Mähne auf die andere Halsseite schlägt) gut durchgebürstet. Am Schluss kann man noch mit dem Mähnenkamm die letzte Feinheit geben. Bei einigen Ponys ist die Mähne dafür aber einfach zu dick. Ist die Mähne kurz, wird kräftig hin und her und von unten und von oben gebürstet. Am Schluss wird das glänzende Haar schön von oben nach unten in Form gebürstet. Den Stirnschopf nicht vergessen!

Warmblutpferde tragen meistens eine kurze Mähne. Sollen sie auf einem Turnier vorgestellt werden, so wird die Mähne mit einem Frisiermesser auf eine einheitliche Länge von etwa einer Handbreite gekürzt. Dann kann sie gleichmäßig eingeflochten werden. Einige Rassen wie Haflinger, Friesen und andere Barockrassen sehen am schönsten aus, wenn sie ihre oft leicht gewellte Mähne lang tragen. Wenn sie vorgestellt werden, gibt es spezielle Möglichkeiten, die Mähne schön zu bändigen. Islandpferde dagegen bringen ihren Typus mit einer völlig natürlichen Mähne am besten zur Geltung, und Norweger tragen eine Art „Irokesenschnitt", damit man ihre Besonderheit, den Aalstrich, gut sehen kann.

Der Schweif ist der Stolz eines jeden Pferdebesitzers und für das Pferd sehr wichtig, um Insekten abzuwehren, muss sehr vorsichtig behandelt werden. Es dauert Jahre, bis das einzelne Haar oben von der Schweifrübe bis hinunter zum Fesselkopf gewachsen ist. Also bitte kein Haar mit Bürste oder Kamm ausziehen. Der Schweif wird nur „verlesen". Dazu stellt man sich seitlich neben die Hinterhand. Das Pferd könnte ausschlagen, wenn es ziept.

Man nimmt den vollen Schweif in eine Hand und liest mit der anderen Hand vorsichtig jedes einzelne Haar heraus, entwirrt es, wenn es sich mit anderen Haaren verdreht hat, und sammelt dabei Stroh- und Heuteile heraus. Damit dieses mühsame Geschäft etwas leichter geht, sollte der Schweif öfter mit Pferdeshampoo gewaschen und gut gespült werden. Eine spezielle Schweiflotion kann man in das trockene Haar sprühen. Sie macht das Haar glatt und geschmeidig. Es verklettet nicht und Stroh und Heu fallen leichter heraus. Der Schweif sollte nicht länger als bis zum Fesselkopf herabreichen, weil sich das Pferd sonst leicht auf den Schweif tritt, wenn es nach dem Liegen aufsteht, und sich dabei ganze Büschel ausreißen kann. Der Schweif wird unten gerade geschnitten. Damit schneidet man auch die brüchigen Spitzen ab und alles sieht gepflegt aus.

Hufpflege

Die Hufe werden noch in der Box mit einem Hufkratzer von festgetretenem Mist befreit, damit die Stallgasse sauber bleibt. Wenn man die Hufe immer in derselben Reihenfolge auskratzt, geben die meisten Pferde bald von selbst die

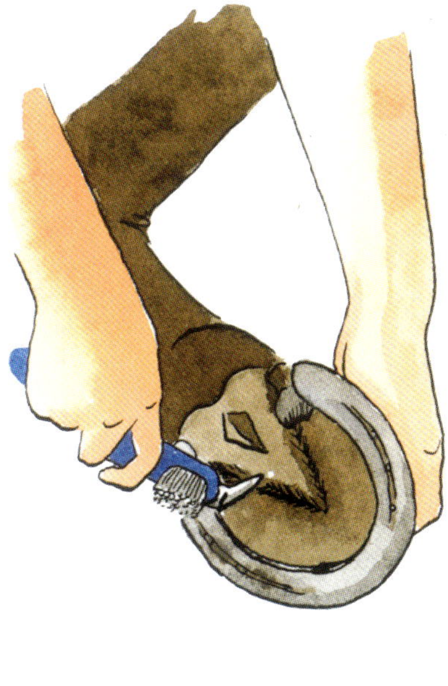

Besonders leicht können sich Steine zwischen Strahl und Eisen einklemmen. Zeichnung: Krumm

Wenn das Pferd nicht allzu stark geschwitzt hat, schützt auf den Rücken gehäuftes Stroh vor Zugluft. Zeichnung: Krumm

Hufe. Mit dem Dorn des Hufkratzers wird sorgsam die Strahlfurche gesäubert. Beim Reiten können sich dort sehr leicht Steine einklemmen.

Deshalb ist es so wichtig, nach dem Reiten die Hufe zu säubern! Der Huf wird abgebürstet und, wenn er verkrustet ist, mit Wasser und Hufbürste gereinigt. Aber bitte keine Stahlbürste verwenden! Der Huf ist durch eine dünne Glasurschicht gegen Austrocknung geschützt, die nicht beschädigt werden darf. Nach dem Trocknen fördert ein Lorbeeröl oder -fett die Geschmeidigkeit und das Wachstum der Hufe. Das Auftragen geht am besten mit einem Pinsel. Am wichtigsten ist, dass regelmäßig ein Hufschmied die Hufe beschneidet und pflegt und wenn nötig, für einen korrekten Beschlag sorgt.

Pflege des Pferdes nach der Arbeit

Wenn das Pferd mit der Arbeit fertig ist, hat es geschwitzt, das Fell ist verklebt und die Haut juckt. Es wäre unfair, es viele Stunden in diesem Zustand in der Box stehen zu lassen. Deshalb werden mit einem Schwamm die Sattellage, die Gurtlage und das Maul vom Schweiß befreit, und das ganze Fell wird mit Wurzelbürste und Kardätsche bearbeitet und wieder schön glatt gebürstet. Die Hufe werden auf eingetretene Steine und Sand kontrolliert. Nach einem langen Ritt oder anstrengender Arbeit wäre es schön, wenn man die Beine (nur die Beine!) mit einem scharfen Wasserstrahl abspritzen könnte. Das kühlt, massiert und fördert die Durchblutung. Danach können die

Hufe eingefettet werden. Wenn das Pferd stark geschwitzt hat und noch nicht trokken ist, bekommt es eine Abschwitzdekke aufgelegt, die allerdings, wenn das Pferd trocken ist, wieder abgenommen werden muss. Wenn einmal die Zeit knapp ist, kann man auch trockenes Stroh auf den Rücken häufen. Pferde sind gegen Hitze und Kälte viel unempfindlicher als wir Menschen. Aber Zugluft können sie gar nicht vertragen. Ist ihre Nierenpartie feucht, erkälten sie sich leicht und können schwer krank werden.

Versorgen der Box

Bevor das Pferd zurück in die Box gebracht wird, wird die Box gesäubert. Die Pferdeäpfel werden entweder herausgesammelt und auf den Misthaufen gebracht oder zusammen mit dem nassen Stroh an den Rand der Box gelegt. Bei der verbreiteten so genannten Matratzeneinstreu wird der Mist so geglättet, dass keine „Tretkuhlen" mehr vorhanden sind. Gerade bei unruhigen, scharrenden Pferden ist eine gute Matratze wichtig, damit die Pferde nicht auf dem harten, kalten Boden liegen. Das trockene Stroh wird gleichmäßig von den Rändern der Box aus verteilt. Der Mist an den Rändern sollte immer etwas höher sein als in der Mitte! Beim Wälzen könnte das Pferd sonst mit dem Rücken zwischen Mistberg und Wand geraten und sich festlegen. Das Fluchttier Pferd gerät dann in Panik, weil es sich nicht aus eigener Kraft aus seiner Lage befreien kann, und erleidet schlimmstenfalls einen Kreislaufkollaps. Wenn man ein festliegendes Pferd bemerkt, muss man schnell Hilfe holen, damit das Tier mit Seilen und starken Männerarmen befreit werden kann.

Es wäre schön, wenn man etwas Heu in die Box legen könnte. Auf jeden Fall kommt eine Belohnung in die Krippe, zum Beispiel getrocknetes Brot, zerschnittene Äpfel oder Möhren. Nun kann das Pferd in die Box geführt werden. Dabei geht man immer durch die weit geöffnete Tür voran. Niemals das Pferd alleine gehen lassen. Das Pferd wird in der Box gedreht, mit dem Kopf zur Tür geführt, dort abgehalftert und nochmals gelobt. Das Halfter wird griffbereit außen an die Boxwand gehängt.

Wenn Steigbügel, Gurt und Satteldecke korrekt am Sattel liegen, kann man alles zusammen glatt aufs Pferd legen.

Jetzt wird der Sattel auf den Widerrist gelegt und nach hinten in die richtige Position geschoben.

Satteln und Auftrensen

Satteln

Es ist sinnvoll, das Pferd erst zu satteln und dann aufzutrensen. Das Pferd steht sicher und ruhig, solange es angebunden ist. Außerdem hat man mehr Zeit zum Nachgurten. Bevor man mit dem Satteln beginnt, überzeugt man sich, dass die Steigbügel hochgezogen sind und der Gurt glatt über den Sattel geschlagen ist. Nun greift man mit der linken Hand in die Sattelkammer (unter den vorderen Teil des Sattels), mit der rechten ergreift man den Sattel am Hinterzwiesel (hinterer Sattelrand), fasst dabei die Satteldecke mit und hebt den Sattel mit ruhigen Bewegungen von der linken Seite auf den Widerrist des Pferdes.

Jetzt wird der Sattel so weit nach hinten gezogen, dass die Polsterung unter dem vorderen Teil des Sattels in der Kuhle hinter der Schulter des Pferdes liegt – was bei Ponys manchmal schwer zu erkennen ist. Es ist sehr wichtig, dass das Fell unter dem Sattel glatt liegt.

Dann geht man um das Pferd herum und zieht noch einmal die Satteldecke nach oben in den Sattel hinein, damit sie nicht auf den Widerrist drückt. Man nennt das „den Sattel kammern“. Anschließend wird der Gurt vorsichtig heruntergenommen und von

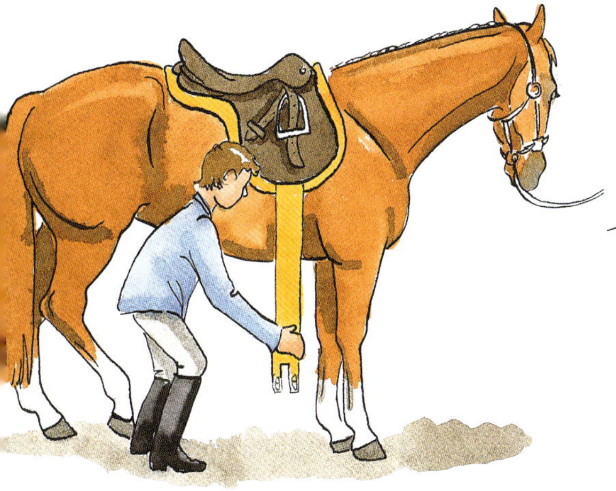

Von der rechten Seite wird nun der Sattelgurt vorsichtig herunter genommen und die Satteldecke noch einmal gekammert.

Der Sattelgurt wird anfangs nur so weit fest gezogen, dass der Sattel nicht mehr verrutschen kann. Zeichnungen: Krumm

der linken Seite aus so festgeschnallt, dass er etwa eine Handbreit hinter dem Ellenbogengelenk des Pferdes liegt. Anfangs wird vorsichtig nur so fest gegurtet, dass der Sattel nicht mehr verrutschen kann. Nach dem Auftrensen kann man den Gurt meistens schon ein bis zwei Loch fester ziehen. Vor dem Aufsitzen werden die Schnallen nochmals ein bis zwei Löcher angezogen. Die endgültige Festigkeit bekommt der Gurt, wenn man ein paar Runden geritten ist. Dieses Nachgurten darf man nicht vergessen! Wenn das Pferd sich durch die Bewegung entspannt, lockert sich der Sattelgurt noch einmal um mehrere Löcher. Der Sattel kann dann nach vorn oder hinten rutschen und sehr schmerzhafte Scheuerstellen auf dem Pferderücken verursachen.

Aufbau eines Sattels

Die Grundlage eines Sattels ist der Sattelbaum. Er kann aus Stahl, Holz oder Kunststoff bestehen. Der vordere hoch gewölbte Teil ist die Sattelkammer. Sie muss so hoch sein, dass auch dann, wenn der Reiter im Sattel sitzt, kein Druck auf dem Widerrist entsteht, weil dort die langen Dornfortsätze unmittelbar unter der Haut liegen. Drückt der Sattel hier, entsteht der gefürchtete Satteldruck – sehr schmerzhafte, im schlimmsten Fall offene Druckstellen, die nur sehr langsam abheilen. Das Pferd kann lange Zeit keinen Sattel tragen!

Der mittlere Teil ist die Sitzfläche. Bei allen Satteltypen muss der tiefste Punkt des Sattels in der Mitte der Sitzfläche liegen, weil sonst ein korrekter Sitz des Reiters nicht möglich ist. Der hintere

Die Sturzfeder muss stets in einwandfreien Zustand sein.

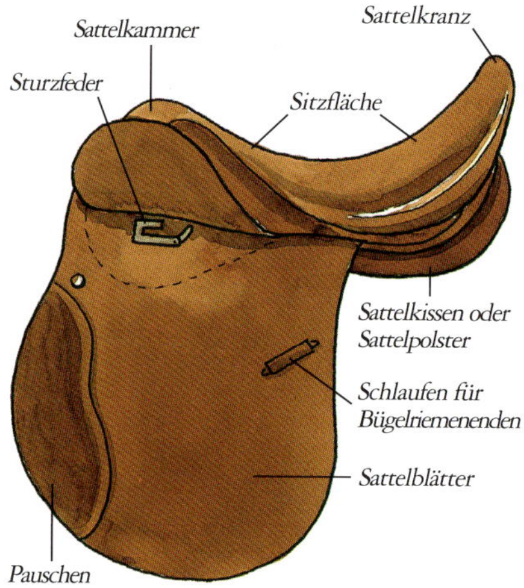

Abschluss des Sattels heißt Sattelkranz. Zu beiden Seiten schließen sich die Sattelblätter an, an deren oberen Teil sich unter einem Lederdeckel die Sturzfeder befindet. Diese Feder, auch Steigbügelfeder genannt, muss häufig auf ihre Funktionsfähigkeit geprüft und mit Nähmaschinenöl geölt werden, weil in diese Federn die Steigbügelriemen gehängt werden. Sie müssen sich leicht öffnen und den Bügelriemen mit Steigbügel und Reiterfuß freigeben, wenn der Reiter stürzt.

Die Steigbügelriemen sollten aus geschmeidigem, haltbarem Leder bestehen und dürfen keine Risse oder brüchigen Stellen aufweisen. Die Nähte an den Schnallen bitte oft kontrollieren! Sie zeigen schnell Verschleißerscheinungen. Der Steigbügel muss aus glattem, schwerem Metall sein. Damit er mit dem Fuß schnell aufgenommen und losgelassen werden kann, muss er genügend breit sein. Es gibt verschiedene Sorten von Sicherheitsbügeln, die im Falle eines Sturzes den Reiterfuß schnell freigeben.

Auch die Sattelgurtstrupfen dürfen keine Risse und ausgeleierten Löcher aufweisen.

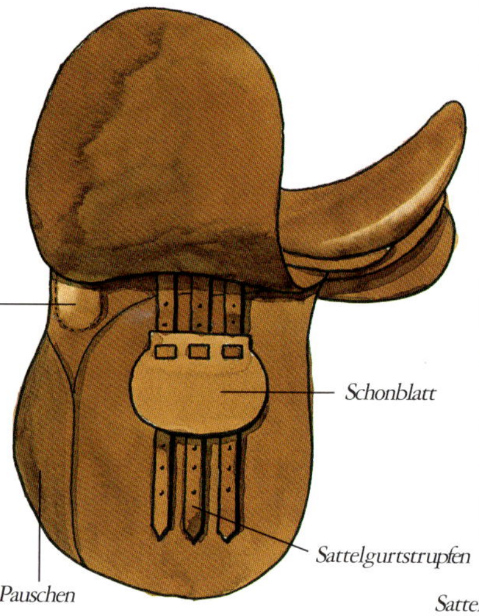

Die Polsterung muss von Zeit zu Zeit durch einen Fachmann kontrolliert werden, damit genügend Raum für Widerrist und Wirbelsäule gegeben ist. Auch Pferde verändern ihre Körperform im Laufe einer langen Ausbildung! Der tiefste Punkt des Sattels muss in der Mitte der Sitzfläche sein. Auch das ist von der Polsterung abhängig. Zeichnungen: von Hacht

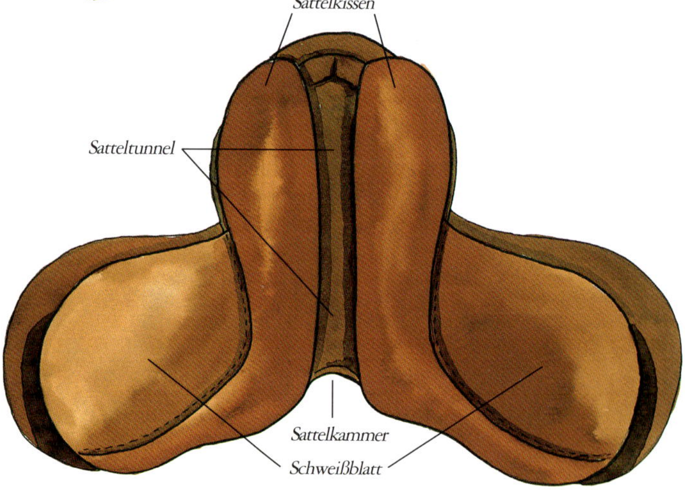

Der gebräuchlichste und für das Dressurreiten übliche Steigbügel ist der glatte, schwere Fillisbügel. Eine genoppte Gummieinlage gibt der Stiefelsohle zusätzlichen Halt.

Unter den Sattelblättern befinden sich die Sattelgurtstrupfen. Bei Spring- und Vielseitigkeitssätteln sind es in der Regel drei, bei einigen Dressursätteln mit Kurzgurt manchmal nur zwei, die dann V-förmig angeordnet sind. Auch die Gurtstrupfen müssen stets in tadellosem Zustand sein!

Sturzfeder, Bügelriemen und Sattelgurtstrupfen sind für die Sicherheit des Reiters von entscheidender Wichtigkeit! Sind sie verschlissen und schadhaft, wird es für den Reiter lebensgefährlich!

Betrachtet man den Sattel von unten, sieht man, dass zwischen Sattelkammer und Sattelkranz auf beiden Seiten die Sattelkissen oder Sattelpolster verlaufen; zwischen ihnen liegt der Satteltunnel. Die Sattelkissen müssen möglichst lang und breit auf dem Pferderücken aufliegen, um das Reitergewicht auf eine möglichst große Fläche zu verteilen. Der Satteltunnel muss so breit sein, dass zwei bis drei Zentimeter neben der Wirbelsäule des Pferdes ohne Belastung sind. Die Schweißblätter schützen das Pferd vor den Sattelstrupfen und den Sattelgurtschnallen sowie den Sattel vor dem Schweiß des Pferdes.

Auf die Sattelblätter sind die Sattelpauschen aufgearbeitet. Bei Springsätteln sind sie stark und erhaben, während sie bei Dressursätteln gering und flach sind oder ganz fehlen. Der Sattelgurt besteht aus einzelnen Schnüren, festem Textilmaterial oder Leder. Er muss breit genug sein, um nicht einzuschnüren. Das würde zu Gurtdruck führen, einer schmerzhaften Verletzung meistens hinter dem Ellenbogengelenk des Pferdes. Für Dressursättel gibt es den Kurzgurt, der dann aber entsprechend längere Strupfen erfordert. Der Kurzgurt hat den Vorteil, dass die Schnallen außerhalb des Beinbereiches des Reiters liegen. Nachteilig ist, dass manche Reiter Schwierigkeiten beim Nachgurten haben, weil die Schnallen so tief am Pferdeleib liegen. Die Satteldecke hat den Zweck, den Schweiß des Pferdes aufzusaugen und auf diese Weise den Sattel zu schützen. Es gibt sie in der Form des Sattels geschnitten oder in viereckiger Form als Schabracke. Satteldecken sollten stets sauber sein, um Infektionen und Scheuerstellen zu verhindern. Sie müssen natürlich faltenfrei auf das Pferd gelegt werden. (das Kammern nicht vergessen!), um Druckstellen zu vermeiden.

Ein schlecht passender Sattel oder nachlässiges Satteln kann dem Pferd Schmerzen und Schaden zufügen. Ein ungepflegter Sattel ist eine Gefahr für Reiter und Pferd!

Es gibt Pferde mit problematischem Rücken, auf denen ein Sattel nicht in der idealen Lage liegt und dadurch ständig scheuert und drückt. Bei Pferden mit wenig ausgeprägter Sattellage (geringer Widerrist) verhindert ein Vorgurt das Verrutschen des Sattels nach vorn. Das Vorderzeug verhindert ein Zurück-

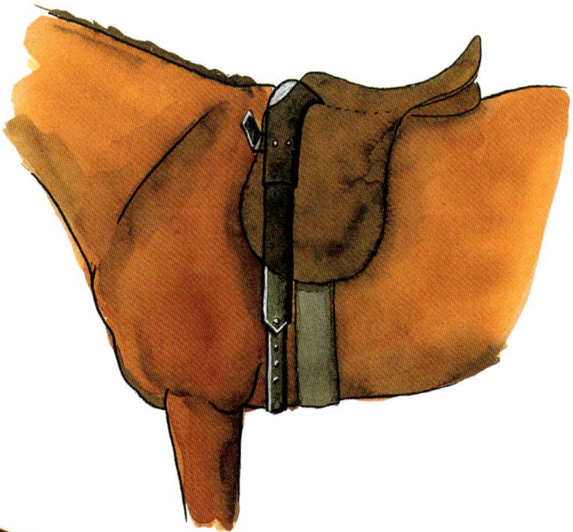

Ein Vorgurt ist in Dressurprüfungen erlaubt.

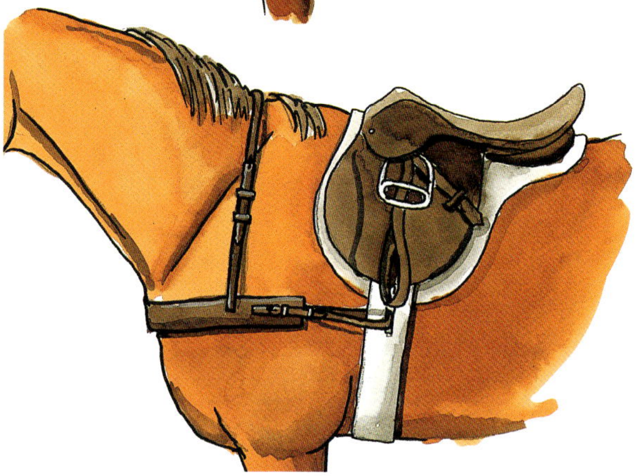

Das Vorderzeug ist nur in Gelände- und Springprüfungen erlaubt.

Ein Schweifriemen darf nur bei Ponys benutzt werden. Zeichnungen: von Hacht

rutschen, falls das Pferd eine geringe Rippenwölbung hat. Auch der Schweifriemen verhindert, dass der Sattel nach vorn rutscht. Ein Vorgurt ist für Dressurprüfungen und ein Vorderzeug bei allen Wettbewerben über Hindernisse erlaubt. Der Schweifriemen ist nur für Ponys gestattet.

Satteltypen

Man unterscheidet drei Satteltypen: Vielseitigkeitssattel, Dressursattel und Springsattel. Außerdem gibt es noch Westernsättel, Wandersättel, verschiedene Gangpferdesättel, Distanzsättel, Damensättel und andere Spezialformen.

Der Vielseitigkeitssattel hat ein leicht nach vorn gewölbtes Sattelblatt mit mittelstarken Kniepauschen. So nennt man die Polster, die auf die Sattelblätter gearbeitet sind, damit das Knie des Reiters bequemer und damit ruhiger liegt. Er eignet sich am besten für Reiter, die nicht nur auf dem Reitplatz, sondern gern einmal in das Gelände reiten und auch mal über ein paar kleine Hindernisse springen möchten.

Den Dressursattel zeichnet ein besonders langes und gerades Sattelblatt mit schmalen und wenig ausgeprägten Kniepauschen aus. Der Sattelkranz ist hinten etwas höher. Dieser Sattel ist gut geeignet, um mit besonders langen Beinen und ganz tiefem Sitz zu reiten. Im Gelände ist er für den Reiter anstrengend und für das Springen eignet er sich gar nicht, weil man die Bügel nicht kurz schnallen kann.

Der Springsattel hat einen flachen Sitz und kurze, stark nach vorn gewölbte Sattelblätter. Er hat nicht nur sehr stark ausgeprägte Kniepauschen, sondern häufig auch Wadenpauschen. Zwischen beiden Pauschen liegt der Schenkel ruhiger und sicherer im leichten Sitz mit sehr kurzen Bügeln und über hohen Sprüngen. Der flache Sitz gibt größtmögliche Bewegungsfreiheit. Im Springsattel kann man die großen, heftigen Bewegungen, die beim Springen entstehen, viel besser ausbalancieren.

Vielseitigkeitssattel

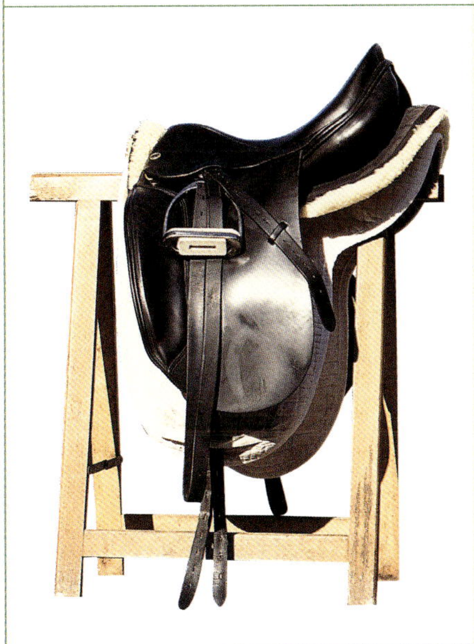

Dressursattel

Springsattel
Fotos: Krumm

Mit der flachen Hand schiebt man das Gebiss ins Maul.

Dann wird erst das rechte, dann das linke Ohr unter dem Genickstück hervorgezogen.

Auftrensen

Zum Auftrensen hängt man sich die geordnete Trense über den linken Arm. Dann stellt man sich links neben den Pferdekopf mit Blick nach vorn. Man löst das Halfter und streift es über den Pferdehals, sodass das Pferd am Hals noch mit Halfter und Strick gehalten wird. Nun legt man mit der rechten Hand die Zügel über den Hals. Jetzt kommt die Trense in die rechte Hand, und zwar so, dass der Zeigefinger die Backenstücke voneinander trennt. Vorsichtig legt man die Hand mit der Trense auf das Nasenbein des Pferdes, während die linke flache Hand mit leicht gekrümmten Fingern das Gebiss zwischen die Zähne schiebt (ein Leckerli oder Apfelstückchen wirkt hierbei manchmal Wunder!).

Hat das Pferd das Mundstück angenommen, zieht die rechte Hand die Trense nach oben zum Stirnschopf und schnell über das rechte Ohr, während man mit der linken Hand das linke Ohr unter dem Genickstück durchzieht.

Der Stirnschopf wird über dem Stirnriemen geordnet. Der Stirnriemen sollte lang genug sein, damit das Genickstück nicht nach vorn gezogen wird und an den empfindlichen Ohren drückt. Jetzt wird der Nasenriemen geschlossen: Beim Hannoverschen Reithalfter wird er unter dem

Verschnallung der Trense mit kombiniertem Reithalfter: Zuerst wird der Nasenriemen mit Platz für zwei Finger, dann der Pullriemen, ebenfalls mit zwei Finger Zwischenraum und zuletzt der Kehlriemen geschlossen. Hier muss eine hochgestellte Hand Platz haben. Zeichnungen: von Hacht

Gebiss so verschnallt, dass er drei bis vier Finger breit über dem Nüsternrand verläuft und zwei Finger zwischen Nasenbein und Nasenriemen Platz haben. Beim kombinierten Reithalfter, dem englischen Reithalfter mit Pullriemen, wird der Nasenriemen oberhalb des Trensengebisses verschnallt, sodass es zwei Fingerbreiten unterhalb des Jochbeines liegt und zwei Finger seitlich am Nasenbein dazwischen passen. Der Pullriemen wird unter dem Gebiss hindurch geführt und ebenfalls so geschlossen, dass zwei Finger darunter Platz haben.

Zum Schluss wird noch der Kehlriemen locker geschlossen, sodass eine hochgestellte Hand zwischen Kehle und Riemen Platz hat. Es werden immer zuerst der Nasenriemen, dann der Pullriemen beim Kombinierten Reithalfter und dann bei beiden als letztes der Kehlriemen geschlossen. Beim Abtrensen ist die Reihenfolge umgekehrt.

Ist das Pferd nun fertig aufgetrenst, wird das Halfter vom Hals genommen und an den Haken gehängt. Niemals das Halfter auf dem Boden der Stallgasse liegen lassen! Andere Pferde könnten hineintreten, sich erschrecken und sich und andere Pferde oder Menschen verletzen.

Immer zuerst den Nasenriemen schließen, damit das Pferd gar nicht erst in Versuchung gerät, mit dem Mundstück herumzuspielen!

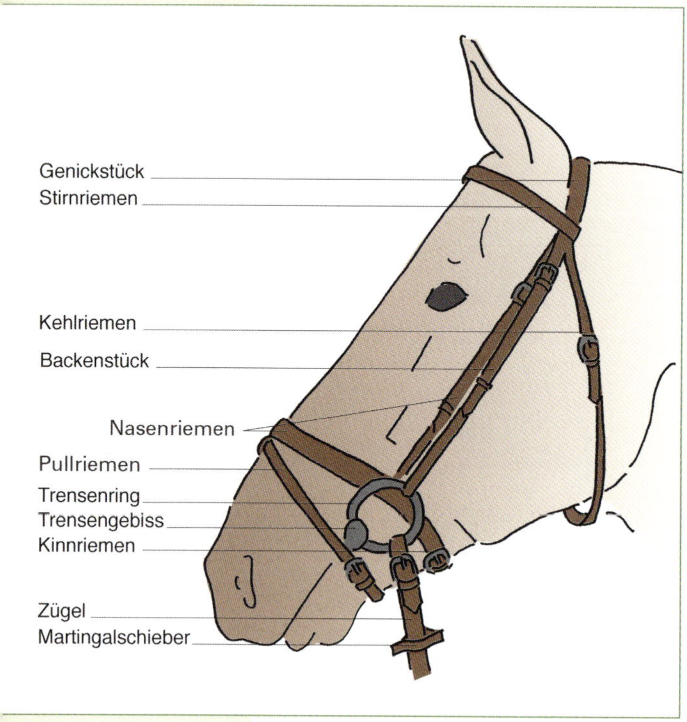

Zeichnung: Koller

Die Trense

Die Trense ist für die Grundausbildung die üblichste Zäumung. Sie eignet sich für das dressurmäßige Reiten (in Dressurprüfungen der Klassen E und A sowie in einigen Dressuren der Klasse L ist die Zäumung auf Trense vorgeschrieben), für das Springen (auch hier lautet die Vorschrift für die unteren Klassen: Zäumung auf Trense) sowie für das Geländereiten am besten.

Eine Trense besteht aus dem Zaum, auch Kopfstück genannt, mit den Zügeln und dem Mundstück oder Gebiss und dem Reithalfter. Die gebräuchlichsten Reithalfter sind das hannoversche Reithalfter, das englische Reithalfter und das kombinierte Reithalfter.

Korrekt verpasste Trense mit kombiniertem Reithalfter.

So muss eine Trense mit hannoverschem Reithalfter verpasst sein. Fotos: Krumm

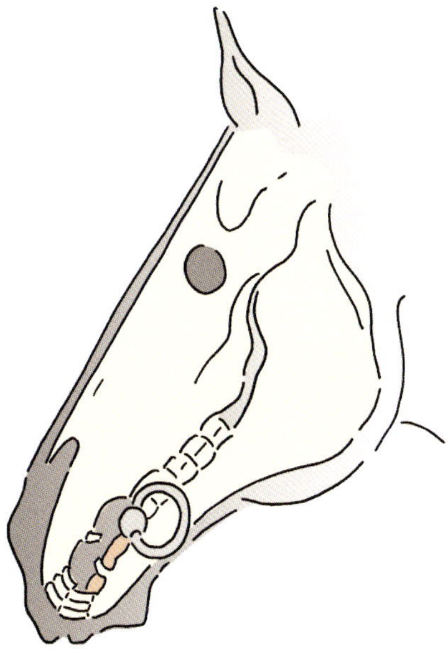

So liegt das Gebiss im Pferdemaul. Da kann man sich leicht vorstellen, was eine harte Reiterhand anrichten kann! Zeichnung: Koller

Das Gebiss

Trensengebisse wirken über die Zunge auf die Kinnladen des Pferdes. Das Pferdegebiss hat zahnlose Zwischenräume auf beiden Seiten des Unterkiefers, die so genannten Laden. Hier liegt das Gebiss bei korrekter Verschnallung der Trense.

Die Backenstücke des Zaumes sollten so verschnallt sein, dass das Gebiss zwei kleine Falten an den Lefzen bildet. Hängt das Gebiss zu tief, kann das Pferd die Zunge darüber legen. Das ist schlimm, weil es sehr unangenehm für das Pferd ist und dem Reiter jede Einwirkungsmöglichkeit nimmt. Ist das Gebiss zu hoch geschnallt, zieht es dem Pferd die Lefzen schmerzhaft hoch und das Metall kann gegen die Zähne schlagen. Es ist also sehr wichtig, das Gebiss genau zu verschnallen! Ein dickes Gebiss wirkt weicher als ein dünnes. Das Gebiss sollte an seiner dicksten Stelle mindestens 14 Millimeter dick sein. So schreibt es die Leistungsprüfungsordnung der Reiterlichen Vereinigung, die LPO, vor.

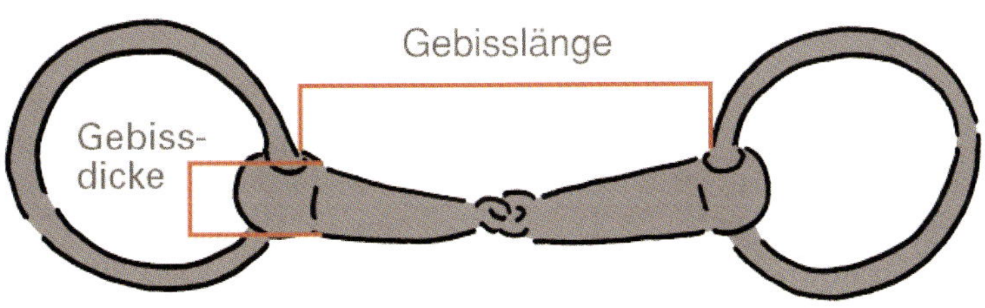

Die Länge des Gebisses wird mit einem Zollstock, die Dicke mit einer Schublehre gemessen. Zeichnung: Koller

Einfach gebrochene Wassertrense

Doppelt gebrochene Wassertrense

Einfach gebrochene Olivenkopftrense

Doppelt gebrochene Olivenkopftrense
Fotos: Prohn

Ein dickes Mundstück ist für die meisten Pferde angenehm und wird problemlos angenommen – vorausgesetzt, es ist nicht zu dick für ein schmales, kleines Maul. Auch die Länge des Mundstückes muss der Breite des Pferdemauls genau entsprechen. Ein zu langes Gebiss klemmt die Unterkiefer wie mit einem Nussknacker ein, während ein zu kurzes in den Maulwinkeln kneift. Es gibt sehr viele verschiedene Mundstücke, die sich in Dicke, Form und Querschnitt unterscheiden. Außerdem können sie aus verschiedenen Materialien bestehen und einfach gebrochen oder doppelt gebrochen sein. Gebisse dürfen natürlich nicht rostig, abgenutzt oder ausgeschlagen sein! Ein schmutziges Gebiss ist eine Zumutung für das Pferd. Deshalb wird das Mundstück nach jedem Gebrauch abgewaschen und abgetrocknet.

Die Wassertrense ist das gebräuchlichste Gebiss. Sie wird bei jungen Pferden benutzt, ist aber auch während der weiteren Ausbildung sinnvoll, weil sie einerseits weich wirkt, andererseits dennoch eine gute Kontrolle erlaubt. Welche Gebisse in welchen Turnierprüfungen zugelassen sind, kann man in der LPO nachlesen.

Lederpflege

Um die Sicherheit, Reißfestigkeit und Geschmeidigkeit des Leders für Lange Zeit zu erhalten, muss es regelmäßig gesäubert und kontrolliert werden. Diese teuren Ausrüstungsgegenstände halten dann viel länger und sehen gepflegt viel schöner aus.

Für die Lederpflege benötigt man einen Schwamm (ein Topfschwamm aus Mutters Küche tut gute Dienste), eine alte Zahnbürste, zwei Lappen aus Baumwolle und aus Wolle, Sattelseife und Lederfett. Nach jeder Benutzung wird die Trense mit dem feuchten Lappen und etwas Sattelseife gereinigt. Gleiches gilt für den Sattel, wenn er zum Beispiel bei

Die Pflege des Lederzeugs ist eine sehr wichtige Arbeit! Sie dient der Sicherheit von Reiter und Pferd und der langen Lebensdauer der teuren Ausrüstung.
Foto: Krumm

Regenwetter oder auf dem staubigen Reitplatz schmutzig geworden ist. Die ausgediente Zahnbürste eignet sich gut für die Reinigung der Ritzen am Sattel. Mit Lappen und Seife werden die einzelnen Lederteile abgerieben, und bei Verkrustungen, zum Beispiel am Pullriemen, kommt der Topfschwamm zum Einsatz. Die Sattelseife wird nicht abgespült, sondern, nachdem sie getrocknet ist, mit dem Wolllappen nachpoliert.

Von Zeit zu Zeit muss die Trense vollständig auseinander geschnallt werden, um auch um die Schnallen herum und in allen Ritzen gesäubert zu werden. Das Trensengebiss wird dabei genau untersucht, ob womöglich die Lochkanten am Mundstück, durch die die Ringe laufen, scharfe Kanten bekommen haben. Dann ist das Gebiss ausgeschlagen, kann leicht schmerzhafte Scheuerstellen an den Lefzen des Pferdes verursachen und muss ersetzt werden. Das Lederfett kommt erst dann zum Einsatz, wenn das Leder gut getrocknet ist. Die besonders beanspruchten Teile wie Steigbügelriemen, Sattelstrupfen und Pullriemen müssen häufiger gefettet werden, sonst reicht meist die Sattelseife.

Ganz besondere Aufmerksamkeit muss man den Nähten an den Bügelriemen und Sattelstrupfen widmen! Wenn sie aufgescheuert sind, kann es zu bösen Überraschungen kommen! Außerdem müssen die Sturzfedern am Sattel häufig auf ihre Gangbarkeit kontrolliert werden. Sie müssen sich im Falle eines Sturzes leicht öffnen, damit der Bügelriemen hinausrutschen kann.

Gamaschen und Bandagen

Gamaschen und Bandagen schützen die Pferdebeine vor Verletzungen, die sich ein Pferd im Gelände, im Parcours oder im Dressurviereck zuziehen kann.

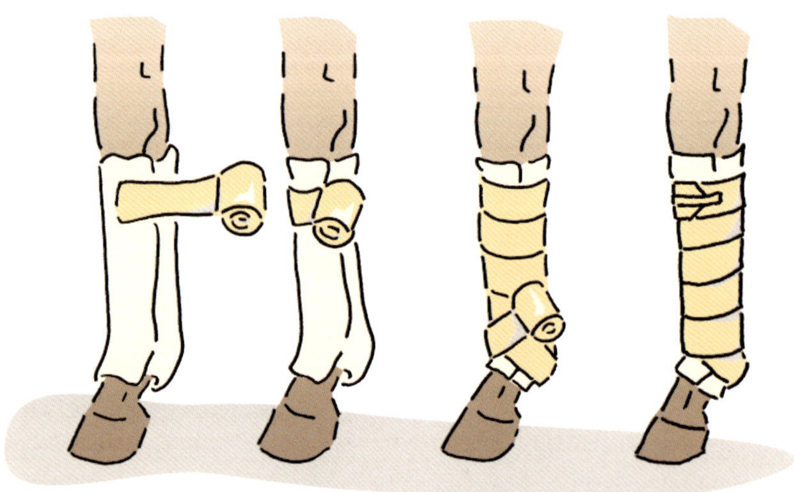

Bandagen müssen fest genug und faltenfrei über eine Bandagierunterlage von oben nach unten und wieder hinauf und immer von vorn nach hinten gewickelt werden. Zeichnung: Koller

Gamaschen sind besonders schlagfest und haben für die Vorder- und Hinterbeine jeweils angepasste Formen. Springglocken schützen die Kronränder. Foto: Bosse

Bandagen geben den Pferdebeinen Schutz, wenn sie aus festem und zugleich weichem Material wie Wolle oder Fleece bestehen oder zusammen mit einer Bandagierunterlage verwendet werden. Die Stützwirkung ist eher gering. Bandagen müssen faltenfrei und sicher geschlossen angelegt werden, damit sie nicht mehr schaden als nützen. Für das Gelände sind sie nicht geeignet, weil Bandagen bei Nässe je nach Material entweder länger werden oder sich zusammenziehen.

Beim Anlegen der Bandagen muss das Pferd das Bein belasten. Man wickelt von oben nach unten, vom Röhrbein zur Sehne, um den Fesselkopf herum und wieder hinauf. Das Ende der Bandage muss außen am Bein liegen. Die Klettverschlüsse müssen sorgsam in ganzer Länge geschlossen werden, weil Sand und Feuchtigkeit die Bänder sonst lösen. Das Bandagieren muss geübt werden! Es ist gar nicht so leicht, mit der richtigen Festigkeit alle vier Beine gleichmäßig in der Höhe und um den Fesselkopf herum zu wickeln. Das Bandagieren wird sehr oft im praktischen Teil der Prüfung zum Basispass verlangt.

Gamaschen bieten je nach Material einen stabilen Schutz. Sie haben für die Vorder- und Hinterbeine unterschiedliche Formen. Die Verschlüsse liegen außen und zeigen nach hinten. Sie sind besonders gut für das Springen und für das Gelände geeignet.

Streichkappen an den Hinterbeinen schützen die Fesselköpfe vor Verletzungen durch die Hufe. Foto: Bosse

> Gamaschen und Bandagen sind in Dressurprüfungen und bei Reitabzeichenabnahmen nicht erlaubt!

Streichkappen schützen die Innenseiten der Fesselköpfe an den Hinterbeinen. Sie werden verwendet, wenn ein Pferd dazu neigt, sich mit einem Hinterhuf gegen das andere Bein zu schlagen. Sie sind meist aus dem gleichen Material wie die Gamaschen.

Springglocken schützen den empfindlichen Kronrand des Hufes vor allem beim Springen und beim Longieren.

Transportgamaschen haben eine dicke Polsterung und umschließen fast das ganze Pferdebein. Sie schützen es so beim Verladen und während des Transportes.

Für alle „Verpackungen" gilt, dass die Verschlüsse sorgfältig geschlossen werden müssen und immer außen am Pferdebein liegen und nach hinten zeigen! Damit kein Sand oder gar Steinchen scheuern können, müssen alle Dinge, die zum Schutz um die Pferdebeine gelegt werden, stets sauber gehalten werden.

Wird der Hänger an einer Begrenzung geparkt, ist damit schon eine Seite gesichert.
Zeichnung: von Hacht

Verladen und Transportieren

Die Sicherheit hat beim Pferdetransport den höchsten Vorrang. Dass das Auto und der Pferdetransporter vor einer Fahrt nochmals kontrolliert werden und in technisch einwandfreiem Zustand sind, versteht sich von selbst. Auch an den Reifendruck denken! Das Pferd bekommt für den Transport ein stabiles, gut sitzendes Halfter angelegt. Die Beine werden mit Transportgamaschen oder mit Bandagen und Springglocken geschützt. Zum Schutz vor Zugluft und bei kühlem Wetter bekommt es eine Decke mit Deckengurt aufgelegt. Ein Schweifschoner verhindert, dass die Schweifrübe des Pferdes an der hinteren Verladestange scheuert. Ein zusätzliches Halfter und ein zweiter Strick sollten zur Sicherheit mitgenommen werden.

Für alle Personen, die beim Transport mithelfen, gilt ebenso: Sicherheit hat Vorrang! Feste Schuhe, griffige Handschuhe und nicht zu weite, aber auch nicht einengende Kleidung sind ganz wichtig. Man sollte ein Pferd möglichst nicht allein transportieren. Eine zweite Person, die beim Ein- und Ausladen hilft und im Notfall weiß, was zu tun ist, kann der berühmte rettende Engel sein.

Sicherheit muss beim Verladen und Transport des Pferdes ganz groß geschrieben werden! Jede Nachlässigkeit kann schlimme Folgen haben!

Zum Verladen wird der Anhänger an einem möglichst ruhigen Ort geparkt. Wenn er parallel zu einer Wand oder einer Hecke aufgestellt wird, gibt es auf einer Seite bereits eine Begrenzung, die das Pferd daran hindert, seitlich auszubrechen. Der Boden muss eben sein, damit die Verladerampe sicher aufliegt und nicht wackelt, sobald man sie betritt.

Das Stützrad des Anhängers wird herunter gelassen und festgestellt, damit der Anhänger ruhiger steht und das Zugfahrzeug geschont wird. Wenn man die vordere Einstiegluke vor dem Verladen öffnet, ist es heller im Transporter, was den meisten Pferden angenehmer ist. Alle benötigten Gegenstände wie Sattel, Trense, Putzkasten und Futter müssen bereits verstaut sein, damit es losgehen kann, sobald das Pferd verladen ist. Langes Warten allein im Hänger macht die Pferde unruhig.

Ist die Rampe heruntergelassen und die hintere Stange ausgehängt, stellt sich der Helfer seitlich neben die Rampe an die freie Seite, während der Führer das Pferd gerade an die Rampe heranführt. Er lässt das Pferd ruhig die Rampe beschnuppern und redet dabei beruhigend auf das Tier ein. Dann geht er zügig in den Hänger voran und führt das Pferd gerade in den Transporter hinein. Es ist wichtig, dass das Pferd gerade vor den Anhänger gestellt und gerade hinein geführt wird, damit es nicht auf die Kante der Rampe tritt, dort abrutscht und sich verletzt. Sobald das Pferd auf dem Anhänger steht, hängt der Helfer die hintere Stange ein. Aber Achtung: Er darf sich dabei niemals direkt hinter das Pferd stellen! Die meisten Pferde sind nervös beim Verladen und könnten schlagen! In jedem Fall muss man seitlich hinter das Pferd treten, solange es auf dem Anhänger steht: selbst beim Einhängen oder Lösen der hinteren Stange oder bei Handreichungen rund um das Pferd auf dem Turnierplatz.

Jetzt darf das Pferd ein Leckerli bekommen, und es wird mit dem Sicherheitsknoten so lang angebunden, dass es den Kopf nur leicht wenden kann. Ein gut gefülltes Heunetz, das ungefähr in Nasenhöhe aufgehängt ist, beschäftigt das Pferd während der Fahrt.

Selbstverständlich muss der Fahrer des Gespanns besonders vorausschauend und gleichmäßig fahren. In Kurven, auf holperigen Straßen, beim Bremsen und Beschleunigen muss man bedenken, dass das Pferd nicht erkennen kann, wohin die Reise geht, und alle Bewegungen ausbalancieren muss. Auf langen Fahrten wird alle zwei Stunden eine Rast eingelegt, das Pferd kontrolliert und getränkt.

Am Ziel angekommen, wird nach Möglichkeit der Anhänger so geparkt wie beim Verladen. Zuerst wird die Verladerampe geöffnet, dann der Anbindestrick gelöst. Erst danach hakt der Helfer, der wieder schräg hinter dem Pferd steht, die hintere Stange aus, und auf sein Kommando wird das Pferd langsam und gerade rückwärts die Rampe hinab dirigiert. Die meisten Pferde neigen dazu, schräg die Rampe herunter zu gehen, weil sie erst einmal schauen wollen, wo sie gelandet sind. Damit sich das Pferd nicht verletzt, kann der Helfer, der neben der Verladerampe steht, das Pferd an seinem Rumpf und der Hinterhand mit den Händen gerade halten und dabei beruhigen.

Ein erfahrener Stallkumpel, der schon auf dem Hänger wartet, erleichtert einem ängstlichen Pferd den Einstieg.
Zeichnung: von Hacht

Weil Pferde keine Höhlentiere sind, empfinden sie den engen, dunklen Anhänger anfangs oft als bedrohlich. Jetzt ist es wichtig, dass das Pferd seinem Menschen vertraut. Es muss alles vermieden werden, was dieses Vertrauen zerstören könnte! Hektik, lautes Schimpfen, Schläge und Gewalt sind absolut fehl am Platz! Mit Ruhe und Geduld kann man viel mehr erreichen. Man kann den Einstieg mit einem Apfel in der Hand schmackhaft machen, den es dann als Belohnung oben gibt. Damit der Einstiegsbereich breiter wird, kann man auch die Zwischenwand schräg stellen. Sie muss allerdings sofort wieder in ihre Position gebracht werden, wenn das Pferd eingestiegen ist, damit die Stange eingehängt werden kann. Ein älterer, verladesicherer Stallkumpel, der zuerst verladen wird und womöglich freundlich ruft, kann Vertrauen geben.

Man sollte das Verladen auf jeden Fall üben! Es kann einmal nötig werden, schnell verladen zu müssen, wenn ein Pferd in die Klinik muss. Dann kann es Leben retten, wenn der Transport im Anhänger eine bekannte Sache ist.

Es ist sehr wichtig, das Verladen zu üben! Ruhe und Geduld sind oberste Gebote!

Foto: Bruhns

Fütterung

Das Verdauungssystem der Pferde ist sehr empfindlich. Da schon Hektik und Nervosität zu Störungen und ernsthaften Erkrankungen führen können, sollte zur Fütterungszeit im Stall Ruhe herrschen. Nach den Mahlzeiten sollte man dem Pferd mindestens eine Stunde Verdauungspause gönnen.

Pferde zermahlen das Futter mit den breiten Backenzähnen und speicheln es ein. Ein Großpferd produziert bis zu 30 Liter Speichel am Tag! Der Brei gelangt über die erstaunlich dünne Speiseröhre in den Magen. Das Pferd hat als Dauerfresser einen im Verhältnis zur Körpergröße kleinen Magen. Damit kein Futterbrei aus dem Magen zurückfließen kann, wenn das Pferd mit gesenktem Kopf grast, befindet sich am Mageneingang ein kräftiger Schließmuskel. Deswegen können Pferde nicht erbrechen.

Nachdem der Futterbrei erst den kleineren Vormagen und dann den größeren Hauptmagen passiert hat, gelangt er am Magenausgang durch einen weiteren Schließmuskel, den Magenpförtner, in den Dünndarm. Der Dünndarm ist der Hauptort der Verdauung, der beim Pferd ungefähr 24 Meter lang ist! Die Darmschlingen liegen, von wenigen Aufhängungen abgesehen, lose im Bauchraum. Da kann man sich gut vorstellen, dass es zu einer 'Darmverschlingung kommen kann, wenn in einer

Darmschlinge Futter fest hängt und sich das Pferd mit Bauchschmerzen wälzt. Darmsäfte und von der Leber produzierte Gallenflüssigkeit sorgen für die weitere Verdauung. Als reiner Pflanzenfresser hat das Pferd keine Gallenblase. (Die Frage nach der Gallenblase ist eine immer wieder gestellte Fangfrage!)

Aus dem Dünndarm, in dem das Futter schon weitgehend vorverdaut ist, kommt es in den bei Pferden sehr großen Blinddarm, den ersten Abschnitt des Dickdarms. Hier findet eine Art Gärungsprozess statt, der gestört werden kann, wenn zu viele unverdauliche Bestandteile im Futter sind. Das können Sand und Erde sein, die ein Pferd aufnimmt, wenn es die ersten jungen Grashalme samt Wurzeln aus der noch aufgeweichten Erde verspeist. Auch erntefrisches Stroh mit der harten Wachsschicht darf deshalb nicht verfüttert werden. Dann wird der Futterbrei zu hart, um richtig vergoren im Darm weiter befördert zu werden. Er staut sich im Blinddarm (dann sind keine Darmgeräusche mehr zu hören), wobei sich bis zu 50 Kilogramm Futterbrei ansammeln können! Dann muss der Tierarzt kommen und eine Kolik behandeln.

In den weiteren Abschnitten des Dickdarms – großer und kleiner Grimmdarm sowie Mastdarm – werden dem Futterbrei die letzten verwertbaren Nährstoffe und Flüssigkeit entzogen. Das, was dann noch übrig bleibt, fällt als runde, leicht glänzende, nicht zu feste Pferdeäpfel zu Boden. Der lange Weg des Futters zeigt, wie empfindlich das ganze Verdauungssystem ist! Daher ist es so wichtig, dass die tägliche Futterration auf viele kleine Mahlzeiten verteilt wird.

> Die Tagesration von Raufutter und Kraftfutter muss auf mehrere kleine Mahlzeiten verteilt werden!

Was und wie wird gefüttert?

Die richtige Fütterung ist ausschlaggebend für das Wohlbefinden und die Leistungsfähigkeit unserer Pferde. Was, wie und wie viel wir füttern hängt davon ab, ob ein Pferd viel Leistung erbringen muss, ob es in der Zucht oder im Wachstum ist, ob es ein Pony oder ein sehr großes Pferd ist.

Die Hauptsäulen der Fütterung sind:

- Raufutter
- Kraftfutter
- Saftfutter

Von Natur aus sind Pferde Grasfresser. Das Verdauungssystem ist auf große Mengen voluminöser Nahrung ausgelegt, die über den Tag verteilt aufgenommen wird. Aus diesem Grund ist das Raufutter (Heu oder Heulage und Stroh) der wichtigste Bestandteil.

Wird das Pferd im Sport oder in der Zucht eingesetzt oder befindet es sich im Wachstum, braucht es zusätzlich Kraftfutter. Es besteht meist aus Hafer, manchmal aus Gerste, Roggen oder Mais. Hier können Melasse, Kleie, Leinsamen, Vitamine und Mineralstoffe beigemischt werden. Vielfach wird Kraftfutter in Pelletsform oder auch in verschiedenen „Müslis“ angeboten, die die Nährstoffe in der erforderlichen Kombination enthalten.

An unsachgemäß gelagertem Heu und Stroh bildet sich innerhalb kurzer Zeit Schimmel. Dieses Raufutter darf nicht mehr verfüttert werden. Auch Tierkadaver von Mäusen oder Kaninchen, die in das Raufutter gelangt sind, können zu tödlichen Vergiftungen führen. Foto: Fersing

Zum Saftfutter gehören Möhren, Gras und Silage. Es wird zusätzlich je nach Bedarf gegeben. Für alle Futtermittel gilt, dass sie eine frische Farbe haben sollten und gut riechen müssen. Die Fütterung von verschimmeltem, sehr staubigem und dunkel verfärbtem Futter schadet dem Pferd und kann schlimmstenfalls tödliche Folgen haben.

Die Selbsttränke sollte nicht in der Nähe der Krippe angebracht sein, damit die Pferde nicht das Futter mit Wasser aufweichen, anstatt es gut einzuspeicheln. Wenn Kraftfutter in die Tränke fällt, verfault es dort sehr schnell und kann, wenn es aufgenommen wird, zu Schäden in Magen und Darm führen.

Ein Sportpferd braucht pro Tag ungefähr 2,5 bis fünf Kilogramm Kraftfutter. Große Pferde, die viel leisten müssen, benötigen mehr, kleine Ponys weniger. Diese Menge sollte auf mindestens drei Mahlzeiten verteilt werden. Fünf Kilogramm Heu und mindestens ein Kilogramm Futterstroh sollten vom Boden aufgenommen werden.

100 Gramm Mineralstoff- und Vitaminfutter sind vor allen im Winter sinnvoll, wenn es kein frisches Gras gibt. Ein Mineralleckstein darf nicht fehlen!

Ein Großpferd trinkt pro Tag 40 bis 70 Liter Wasser, im Sommer bei schwerer Arbeit sogar noch mehr!

Bei Stroh und Heu von einwandfreier Qualität ist die Farbe frisch und der Geruch angenehm. Foto: Schmelzer

Zusätzliches Füttern von Ergänzungsfutter, Vitaminen, Mineralstoffen, Spurenelementen und Ähnlichem muss immer mit den Futtermeister oder dem Tierarzt besprochen werden. Nie auf eigene Faust irgendetwas hinzufüttern: Auch eine Überdosierung kann gefährlich werden!

Kranke Pferde, die nicht gearbeitet werden können, müssen weniger oder gar kein Kraftfutter, dafür aber mehr Raufutter bekommen.

Das Futter für Ponys sollte eiweiß- und energiearm sein, weil sie sehr leichtfuttrig sind. Füttert man zuviel, bekommen Ponys leicht Hufrehe.

Vorsicht: giftig

Das Pferd ist kein Abfalleimer: Küchenabfälle haben in der Pferdekrippe nichts zu suchen! Kohlblätter blähen, Erbsenschoten enthalten zu viel Eiweiß, Kartoffelschalen in größeren Mengen ebenfalls. Kleine Äpfel müssen immer zerkleinert werden, damit das Pferd sie nicht im Ganzen herunterschluckt und es zur gefährlichen Schlundverstopfung kommt. Das Pferd hat eine sehr feine Nase, mit der es auf der Weide (früher in der Steppe) die schmackhaften, gesunden Kräuter von den weniger schmackhaften und oft schädlichen unterscheiden kann. In unserer Kulturlandschaft sind jedoch sehr häufig die Pferdekoppeln von Hausgärten umgeben oder es blühen und grünen so manche Pflanzen und Sträucher in der Nähe eines Koppelzaunes, die dort nicht hingehören, weil sie den Pferden schaden. Viele dieser Pflanzen schmecken den Pferden gut, obwohl sie ihnen nicht bekommen. Es ist also sinnvoll, auch eine vertraute Koppel von Zeit zu Zeit abzugehen und auch jenseits des Zaunes

Niemals die Pferde in unbekanntem Gelände unbeaufsichtigt grasen und an Büschen und Sträuchern knabbern lassen!

(Pferdehälse sind lang!) auf giftige Pflanzen zu achten. Die meisten dieser Pflanzen verursachen Lähmungen, Krämpfe, Kreislauf- und Gleichgewichtsstörungen. Besteht der Verdacht, dass ein Pferd eine Giftpflanze gefressen haben könnte, muss sofort der Tierarzt gerufen werden! Hilfreich wäre es, wenn man die Pflanze benennen könnte, von der gefressen wurde.

(Es wäre gut, wenn jetzt nicht nur die Giftpflanzen auswendig gelernt, sondern auch die Fotos genau angeschaut werden.)

Zu den Giftpflanzen gehören:

Thuja

Robinie

Roter Fingerhut

Beereneibe

Gemeiner Buchsbaum

Herbstzeitlose

Fotos: Prohn

Gemeiner Goldregen

Schwarzes Bilsenkraut

Fotos: Prohn

Bingelkraut *Foto: Prohn*

Sumpfschachtelhalm

Foto: Reinhard-Tierfoto

Schwarze Tollkirsche

Adlerfarn

Sumpfdotterblume

Fotos: Prohn

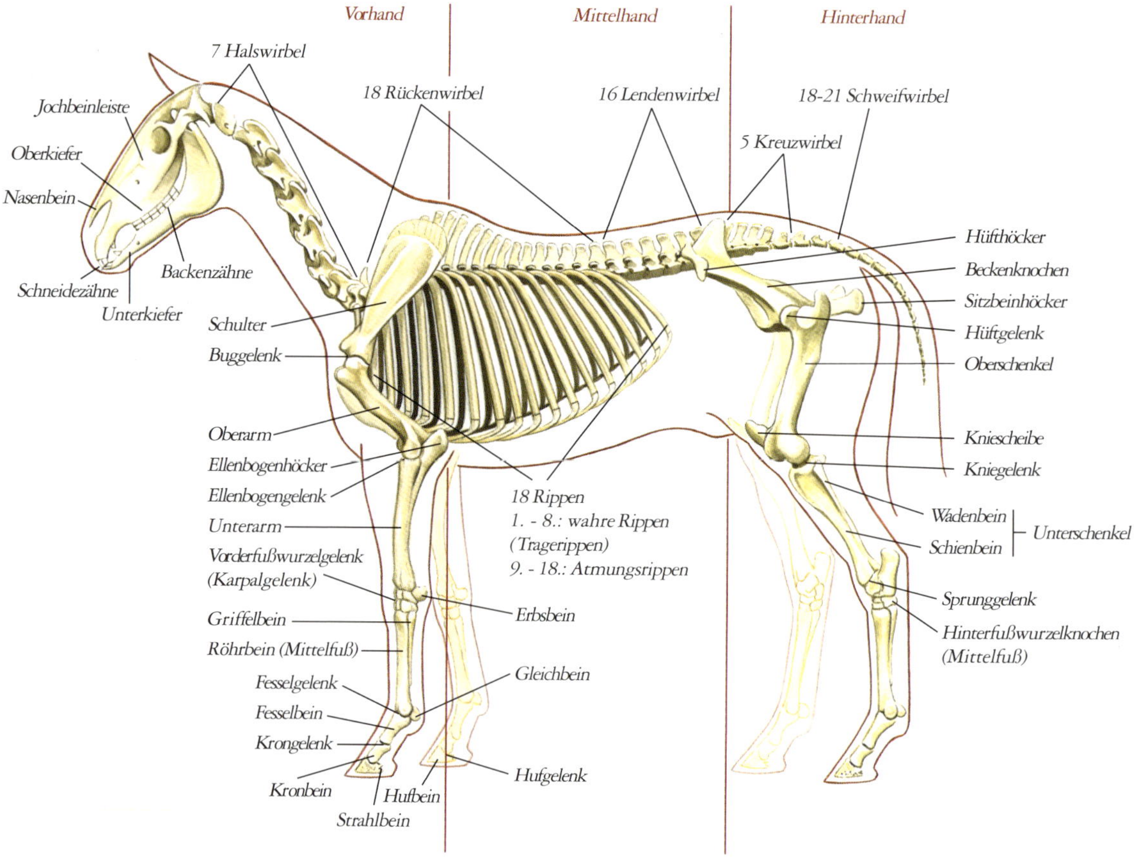

Zeichnung: Carole Vincer

Die Beurteilung des Pferdes

Körperbau

Der Körper des Pferdes wird in drei Hauptbereiche eingeteilt:

- Vorhand
  (Kopf, Hals, Brust, Vorderbeine)
- Mittelhand
  (Widerrist, Rücken, Bauch)
- Hinterhand
  (Kruppe, Hinterbeine, Schweif)

Die Vordergliedmaßen bestehen aus Schulter, Buggelenk, Oberarm, Ellenbogen, Unterarm, Vorderfußwurzel- oder Karpalgelenk, Röhrbein (Mittelfuß), Fesselgelenk, Fesselbein, Krongelenk, Kronbein, Hufgelenk, Hufbein.

Die Hintergliedmaßen bestehen aus Beckengürtel, Hüftgelenk mit Sitzbeinhöcker, Oberschenkel, Kniegelenk, Unterschenkel, Sprunggelenk, Mittelfuß oder Hinterfußwurzelknochen, Fesselgelenk, Fesselbein, Krongelenk, Kronbein, Hufgelenk, Hufbein.

Die Wirbelsäule setzt sich aus sieben Halswirbeln (jedes Säugetier, auch eine Maus oder eine Giraffe, hat sieben Halswirbel!), 18 Brustwirbeln, sechs Lendenwirbeln, fünf Kreuzwirbeln (die miteinander zum Kreuzbein verwachsen sind) und 18 bis 21 Schweifwirbeln zusammen. Zahlreiche Gelenke und Bänder verbinden die Wirbel. Acht Brustwirbel sind über Rippen („echte" oder „wahre" Rippen) mit dem Brustbein verbunden. Zehn Atmungsrippen („falsche" Rippen) setzen an den hinteren zehn Brustwirbeln an, haben aber keine Verbindung zum Brustbein und bilden mit ihren langen Knorpeln den Rippenbogen.

Die Dornfortsätze der Wirbel sind am Widerrist besonders lang. Sie sind etwa bis zur Mitte des Pferderumpfes schweifwärts gerichtet, die hinteren Dornfortsätze sind kopfwärts gerichtet. Zusammen mit den starken Bändern (das wichtigste ist das Nackenband) und den vorderen und hinteren Gliedmaßen als Stützpfeiler ergibt sich eine Brückenkonstruktion. Dadurch kann das Pferd die Last eines Reiters tragen.

Wenn man sich die Stellung der Dornfortsätze ansieht, wird sofort klar, warum ein junges Pferd vorwärts-abwärts geritten werden muss. Der Rücken muss sich aufwölben und die Rückenmuskulatur muss sich stärken können. Ein zusammengezogenes Pferd drückt den Rücken nach unten weg – die Dornfortsätze kommen einander gefährlich nahe. Berühren sie sich sogar, kommt es zum sehr schmerzhaften so genannten „Kissing Spines-Syndrom".

Das harmonische Reitpferd

Bei der Beurteilung eines Pferdes werden das Exterieur (Körperbau, Pflege- und Futterzustand), der Gang (Korrektheit, Raumgriff und Schwung) und das Interieur (Charakter, Temperament, Leistungsveranlagung) unterschieden. Ein harmonisches Reitpferd soll einen langen, gut angesetzten Hals haben mit einem feinen Genick und genügend Ganaschenfreiheit. Das heißt, dass die Unterkieferäste im Bereich des Kehlgangs, die so genannten Ganaschen, nicht zu stark ausgeprägt sein dürfen, da diese Pferde leicht Schwierigkeiten mit der Beizäumung haben. Die Schulter soll lang und schräg sein mit langem Oberarm für guten Raumgriff. Der Widerrist soll lang sein und weit in den Rücken auslaufen. Das ergibt eine gute Sattellage. Der Rücken darf nicht zu lang sein (dann wäre er schwach) und nicht zu kurz, da ein kurzer, strammer Rücken nicht zum Schwingen kommt. Diese Pferde lassen sich schwer sitzen. Die Hinterhand sollte eine günstige Winkelung der einzelnen Knochen zueinander haben. Die Kruppe darf also nicht zu stark abfallen oder zu gerade sein. Ist die Hinterhand zu steil, können die Hinterbeine nicht unter den Schwerpunkt treten, fällt sie zu sehr ab, kann das Pferd mit der Hinterhand keine Last aufnehmen.

Die Größe eines Pferdes wird meist mit dem Stockmaß (Messstock) gemessen:

So wünscht man sich ein harmonisch gebautes Reitpferd. Das Interieur ist für die Gesamtbeurteilung aber ebenfalls sehr wichtig. Foto: Slawik

senkrecht vom Boden bis zur höchsten Stelle des Widerristes. Das Bandmaß liegt leicht am Pferd an; man misst vom Boden aufwärts über Vorderbein und Schulter bis zur höchsten Stelle des Widerristes. Die Bandmaßgröße fällt etwa zehn Zentimeter größer aus als die Stockmaßgröße, weil sie die Körperform nachzeichnet. Bei der Beurteilung eines Pferdes sollte die allgemeine Qualität bestimmend sein.

> **!** Man hüte sich vor der Fehlersuche, denn es gibt kein Pferd ohne Mängel! Häufig ist das Interieur für die Leistungsfähigkeit wichtiger als einzelne Mängel im Körperbau.

Pferderassen

Pferde werden nach ihrem Typ grob in Vollblut, Warmblut und Kaltblut eingeteilt, außerdem unterscheidet man Ponys und Großpferde.

Zu den Vollblütern zählen das Englische Vollblut, die Araber und die Traber.

Zu den Warmblütern gehören hierzulande die meisten Reitpferde. Sie werden nach Zuchtgebieten unterschieden: Holsteiner, Hannoveraner, Trakehner, Oldenburger und andere. Das Kaltblut ist das schwerste Pferd (es hat aber genauso warmes Blut wie jedes andere Pferd auch). Früher wurde es in der Land- und Forstwirtschaft eingesetzt, heute ist es auch als Freizeitpferd und besonders vor der Kutsche beliebt.

Als Pony bezeichnet man alle Pferde unter einem Stockmaß von 148 Zentimetern. Sie werden in drei Größen eingeteilt: K-Pony (klein) bis 127 Zentimeter, M-Pony (mittel) bis 137 Zentimeter und G-Pony (groß) bis 148 Zentimeter. Zu den bekanntesten Ponyrassen zählen das Deutsche Reitpony, das Fjordpferd, der Haflinger, das Islandpferd, das Welsh Pony, das Connemarapony und das kleinste, das Shetlandpony.

Brandzeichen

Alle Fohlen, deren Eltern Abstammungspapiere von einem der deutschen Pferdezuchtgebiete haben, bekommen einen Fohlenbrand auf den linken Hinterschenkel. Dieses Brandzeichen zeigt, aus welchem Zuchtgebiet das Pferd stammt. Darunter befindet sich ein Nummernbrand. Er setzt sich meist aus der sechsten und siebten Ziffer der Lebensnummer zusammen. Die Lebensnummer bekommt ein Fohlen in sein Geburtspapier eingetragen, den so genannten Fohlenschein. Brandzeichen und Nummernbrand dienen unter anderem der eindeutigen Identifizierung des Pferdes.

Farben und Abzeichen

Die wichtigsten Grundfarben sind:
Schimmel: Fell und Langhaar sind weiß, die Haut ist dunkel. Sie kommen meistens als dunkle Fohlen zur Welt und werden mit den Jahren immer heller.

Pferdezuchtgebiete in Deutschland und ihre Brandzeichen. Der Zuchtverband der Trakehner hat kein historisch gewachsenes Gebiet in Deutschland, sondern betreut die Trakehnerzucht bundesweit. Zeichnung: Koller

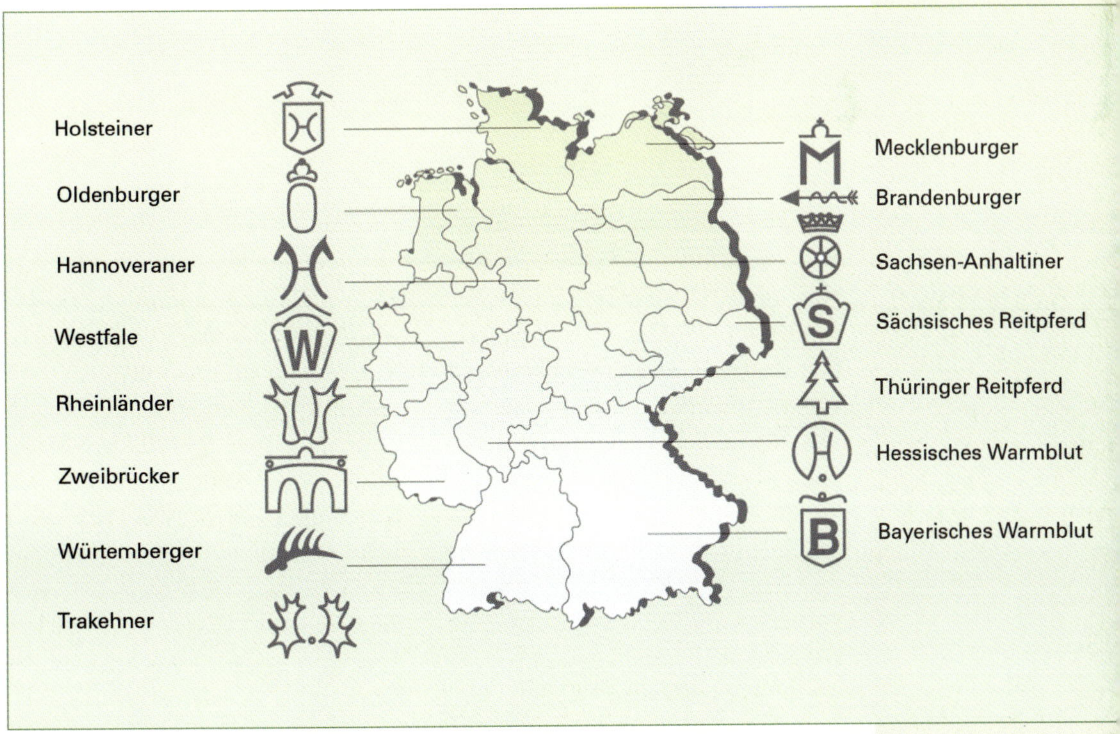

Von links nach rechts: Flocke, Schnippe, Stern, Keilstern, Blesse, Laterne. Zeichnung: von Hacht

Rappen: Fell und Langhaar sind ganz schwarz.

Braune: Ihr Fell ist braun und das Langhaar und die Beine sind schwarz.

Füchse: Sie haben ein rötlich-braunes Fell und gleichfarbiges oder helleres Langhaar.

Falben: Das Fell ist cremefarben oder grau-bräunlich. Beine und Langhaar sind schwarz.

Isabelle: Das Fell ist von ähnlicher Farbe wie beim Falben, aber das Langhaar ist gleichfarbig oder heller.

Schecken: Eine beliebige Grundfarbe ist mit großen, zusammenhängenden weißen Flecken durchsetzt (zum Beispiel Rappschecke, Fuchsschecke).

Auch die meist weißen Abzeichen an Kopf und Beinen haben feste Bezeichnungen:

Flocke: Ein kleiner, weißer Fleck an der Stirn.

Schnippe: Ein kleiner, weißer Fleck an der Oberlippe.

Stern: Ein sternförmiger Fleck an der Stirn.

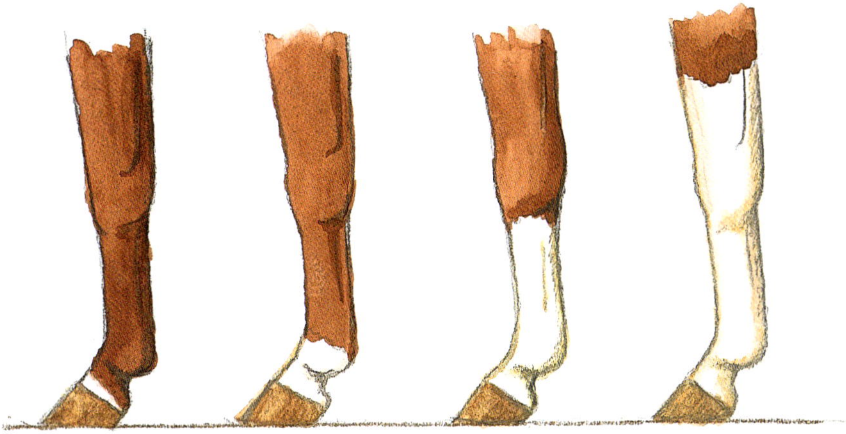

Von links nach rechts: Kronrand weiß, Fessel weiß, Fuß weiß, Bein weiß. Zeichnung: von Hacht

Keilstern: Ein nach unten regelmäßig oder unregelmäßig verlängerter Stern.
Blesse: Ein streifenförmiges Abzeichen unterschiedlicher Größe und Regelmäßigkeit entlang der Pferdenase.
Laterne: Ein großes Abzeichen, das über ein oder beide Augen hinaus geht.

Die Abzeichen an den Beinen werden je nach Lage und Größe beschrieben. Zum Beispiel: weißer Kronrand vorn rechts, weiße Fessel vorn links, weißes Bein hinten rechts.

Altersbestimmung

Die Altersbestimmung ist zum einen wichtig, da sie ebenfalls dazu beiträgt, ein Pferd zweifelsfrei identifizieren zu können (Ist das Pferd, das vor mir steht, tatsächlich so jung, wie es im Papier steht?). Zum anderen sagt sie etwas über den Wert und die Einsatzmöglichkeit aus. Das Alter der Pferde wird in Jahrgängen genannt. Alle Pferde haben damit offiziell am 1. Januar „Geburtstag". Fohlen, die zwischen dem 1. November und dem 31. Dezember geboren wurden, werden dem nächsten Jahrgang zugerechnet – schließlich fehlen ihnen einige Monate Sonnenschein und Weidegang.

Beim jungen Pferd ist das Gesicht weich und die Konturen sind verwischt: Es hat ein Kindergesicht. Das erwachsene Pferd hat klarere Konturen, das Gesicht erscheint länger und schmaler. Ungefähr ab dem zwölften bis 14. Lebensjahr beginnen die Gruben über den Augen einzufallen und es zeigen sich die ersten grauen Haare in der Gegend der Augenbögen. Das Fell spannt sich straffer über

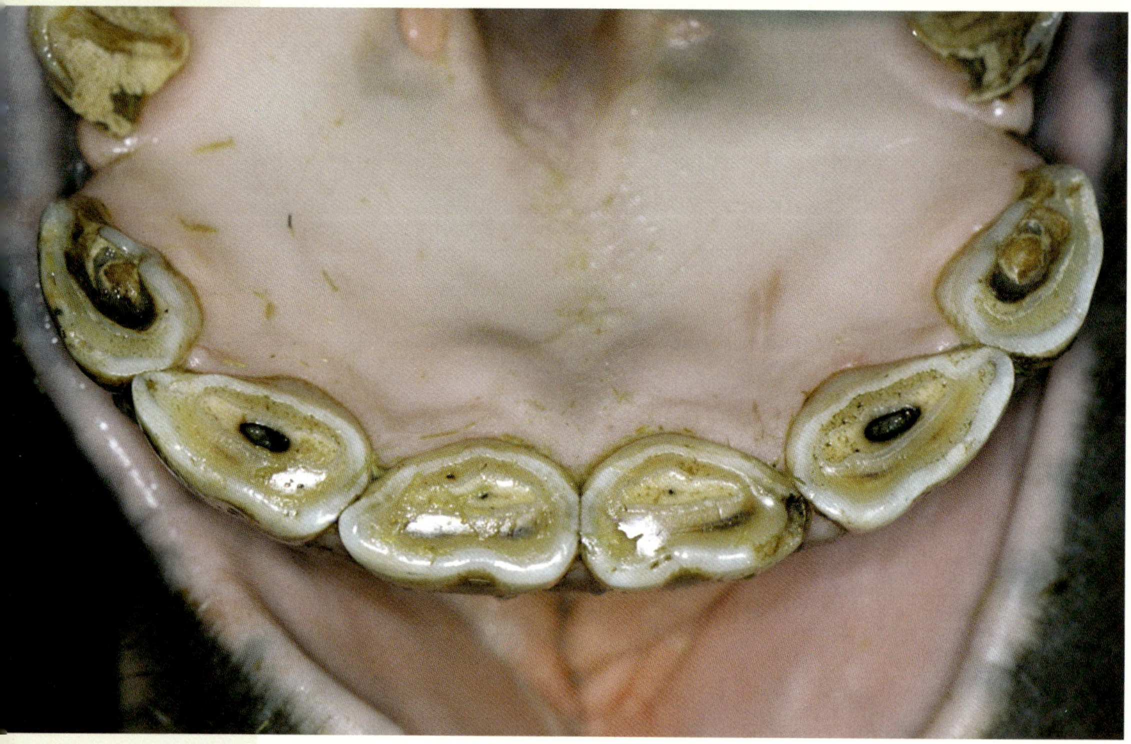

Die unteren Schneidezähne eines sechs bis sieben Jahre alten Pferdes: Die Kunden an den mittleren Schneidezähnen sind verschwunden, die Zähne daneben haben nur noch kleine Kunden, während die Kunden an den äußeren Schneidezähnen noch deutlich sichtbar sind. Foto: Kreling

den Schädel. Wann dies genau sichtbar wird, ist aber individuell sehr unterschiedlich.

Etwas mehr Sicherheit bietet die Zahnaltersbestimmung. Das Pferd besitzt je sechs Schneidezähne im Ober- und Unterkiefer, je sechs vordere Backenzähne und je sechs hintere Backenzähne. Die Hakenzähne, je zwei im Ober- und Unterkiefer, kommen nur bei Hengsten und Wallachen vor. Sie sind ein sekundäres Geschlechtsmerkmal. Stuten haben also 36 Zähne, Hengste und Wallache 40 Zähne.

Die vordersten Schneidezähne, die so genannten Zangen, und die vorderen Backenzähne sind wie beim Menschen zunächst Milchzähne. Sie sind schon bald nach der Geburt zu fühlen und brechen ab dem sechsten Lebenstag durch, erst die Schneidezähne und bald darauf die Backenzähne. Dann kann das Fohlen schon die ersten Grashalme zupfen und kauen. Die Milchzähne werden nach und nach im Alter von zweieinhalb bis sechs Jahren durch die bleibenden ersetzt. Die Hakenzähne bekommt ein Hengst erst mit drei oder vier Jahren, manchmal noch später.

Das Aussehen und die Stellung der Zähne im Kiefer verändern sich im Laufe des Pferdelebens. Bei einem jungen Pferd sind die Schneidezähne kurz und mäßig schräg. Je älter ein Pferd wird, desto länger und schräger werden die Zähne. Damit verändert sich auch die Form der Reibefläche durch die Abnutzung.

Die Kauflächen eines jungen Pferdes weisen schwärzlich gefärbte, scharf abgegrenzte Vertiefungen auf, die so genannten Kunden. Durch den Abrieb der Zähne (Pferde haben keinen harten Zahnschmelz) werden diese Kunden mit der Zeit immer kleiner und verschwinden dann ganz. Zuerst verschwinden sie an den Zangen, dann an den Mittelzähnen und später auch an den vorderen Backenzähnen. Wenn man einem Pferd ins Maul schaut und beobachtet, an welchen Zähnen die Kunden bereits verschwunden sind, wo sie kleiner geworden sind und wo sie noch vorhanden sind, kann man erkennen, wie alt das Pferd ist.

Außerdem kommt es zu einer typischen Veränderung der Form der Kauflächen, wenn die Zähne im Alter länger und schräger werden. Bis zum zwölften Lebensjahr ist die Kaufläche queroval, dann wird sie rund (13. bis 18. Lebensjahr) und später dreieckig (18. bis 23. Lebensjahr). Bei ganz alten Pferden haben die Schneidezähne längsovale Kauflächen.

Pferde altern genau wie wir Menschen unterschiedlich. Außerdem hängt der Alterungsprozess von der Rasse ab. Ein Kaltblüter altert schneller als ein Araber. Die Altersbestimmung über die Zähne kann also nur einen Anhaltspunkt bieten.

Pferdepass

Zu den unveränderlichen Kennzeichen gehört neben dem Brandzeichen mit dem Nummernbrand, der Fellfarbe und den Abzeichen eventuell auch ein Mikrochip. Er wird im Halsbereich unter die Haut implantiert, kann mit einem speziellen Lesegerät gelesen werden und ist eine ganz wichtige Hilfe zur Identifikation des Pferdes. Fellwirbel, Narben und Form der Kastanien (die kleinen Hornplatten an den Innenseiten der Vorder- und Hinterbeine) sind ebenfalls bei jedem Pferd verschieden und geben Auskunft, um welches Pferd es sich handelt.

Um ein Pferd zu identifizieren, muss man seine unveränderlichen Kennzeichen genau benennen. Für jedes Pferd wird ein Pferdepass (Equidenpass) ausgestellt, in dem diese Kennzeichen sowie Abstammung und Besitzer eingetragen werden. Bei jedem Transport des Pferdes und auch auf Turnieren muss der Equidenpass auf Verlangen vorgezeigt werden. Er gibt auch Auskunft über die durchgeführten Impfungen, die der Tierarzt hier einträgt. Außerdem muss ein Abschnitt am Ende des Pferdepasses ausgefüllt werden, in dem es darum geht, wie ein Pferd im Krankheitsfall behandelt werden kann. Soll ein Pferd am Ende seines Lebens geschlachtet werden, so sind einige Medikamente nicht zugelassen, weil sie sich im Organismus des Pferdes nicht abbauen. Sie würden, wenn das Fleisch in die Nahrungskette kommt, für den Menschen schädlich sein. Wird festgelegt, dass das Pferd am Ende seines Lebens eingeschläfert (und nicht geschlachtet) werden soll, können alle zur Verfügung stehenden Medikamente eingesetzt werden. Entscheidet man sich für die zweite Lösung, so ist sie unwiderruflich. Man muss sich also beizeiten Gedanken über das Ende seines Pferdes machen, so schwer es auch fallen mag.

Was tun, wenn das Pferd krank ist?

Vorbeugung

Vorbeugen ist natürlich besser als heilen! Damit das Pferd gar nicht erst krank wird, kann man einiges tun: Zwei- bis dreimal im Jahr muss das Pferd entwurmt werden – der Tierarzt weiß am besten, wann gegen welche der Parasiten vorgegangen werden muss. Es gibt Spulwürmer, Bandwürmer, die besonders gefährlichen Dassellarven und noch eine Vielzahl anderer Schmarotzer. Es magert ab, sieht stumpf und struppig aus und macht einen müden Eindruck. Im schlimmsten Fall kann ein Pferd an Wurmbefall eingehen!

Bandwürmer und Spulwürmer zerstören die Darmflora des Pferdes, sodass es sein Futter nicht richtig verdauen kann. Die Dasselfliege legt im Spätsommer ihre Eier vor allem an den Innenseiten der Vorderbeine des Pferdes ab. Wenn ein Pferd sein Maul an den Beinen scheuert, nimmt es die Eier auf. Im Verdauungstrakt entwickelt sich eine gefräßige Larve, die die Darmwand durchbohrt, um quer durch alle Gewebe meist in der Sattellage zu Tage zu treten – mit einer hässlichen, anfangs schmerzhaften Stelle. Wer an den Beinen seines Pferdes im Spätsommer viele kleine gelbliche Eier hängen sieht, sollte versuchen, sie mit einem scharfen Gegenstand vorsichtig zu entfernen, ohne Fell oder Haut des Pferdes zu verletzen.

Das regelmäßige Absammeln der Pferdeäpfel von den Weiden trägt entscheidend dazu bei, dass die Pferde nicht immer wieder ausgeschiedene Wurmeier mit dem Gras aufnehmen.

Eine weitere sehr wichtige Gesundheitsvorsorge ist die Impfung! Sie schützt gegen schwere oder unheilbare Krankheiten. Jedes Pferd sollte gegen Tetanus oder Wundstarrkrampf geimpft werden. Tetanusbakterien sind überall im Pferdemist vorhanden, dringen durch kleine und kleinste Verletzungen der Haut oder Schleimhaut ein und vermehren sich im Körper des Pferdes. Ist die

Krankheit ausgebrochen, gibt es keine Heilungschancen – das erkrankte Pferd stirbt! Dasselbe gilt auch für den Menschen: Jeder, der mit Pferden umgeht, sollte gegen Tetanus geimpft sein!

Es ist ratsam, auch gegen Tollwut zu impfen. Es kommt immer wieder vor, dass Pferde an Tollwut erkranken, wenn sie auf der Weide von tollwütigen Wildtieren infiziert werden. Bis heute kann man nichts gegen den Ausbruch der Krankheit unternehmen. Sie endet immer tödlich!

Pferd und Mensch müssen gegen Tetanus geimpft sein! Tetanus ist unheilbar und führt zum Tod!

Außer gegen Tetanus wird gegen Pferdeinfluenza, eine hoch infektiöse Erkrankung der Atemwege, und gegen bestimmte Herpesviren geimpft. Herpes kann bei tragenden Stuten zum Verfohlen führen und befällt ansonsten ebenfalls die Atemwege oder auch das Nervensystem.

Jede Impfung beginnt mit einer Grundimmunisierung, die im Abstand von wenigen Wochen wiederholt wird, sodass das Pferd Antikörper gegen diese Krankheiten entwickeln kann. Danach müssen die einzelnen Impfungen gemäß Impfplan regelmäßig aufgefrischt werden – Tetanus alle zwei Jahre, Tollwut jährlich. Turnierpferde müssen alle sechs Monate gegen Influenza geimpft werden. Die Impfungen müssen vom Tierarzt im Pferdepass eingetragen werden. Wird auf einem Turnier ein nicht ordnungsgemäß geführter Pferdepass vorgelegt, kann es passieren, dass Pferd und Reiter vom Platz gewiesen werden und außerdem ein Strafgeld bezahlt werden muss.

Mit einem gesunden Stallklima, viel Bewegung, qualitativ einwandfreiem Futter und der regelmäßigen Arbeit des Hufschmieds kann vielen Krankheiten wirksam vorgebeugt werden!

Die häufigsten Krankheiten

Wer sein Pferd gut kennt, wird sehr schnell bemerken, wenn etwas mit ihm nicht in Ordnung ist. Ein unruhiges oder ungewohnt aggressives Verhalten kann ebenso wie Teilnahmslosigkeit, Appetitlosigkeit und Schwitzen auf eine Kolik hindeuten. Schwellungen, Schmerzen und starker Juckreiz können auf eine Vergiftung oder Allergie hindeuten. Husten muss immer ernst genommen werden, sichtbare Verletzungen müssen versorgt und Lahmheiten abgeklärt werden. Tränende, geschwollene Augen, die womöglich eitern, sind gefährlich und erfordern die Behandlung durch einen Tierarzt! Auch dauerndes Gähnen und Flehmen ist nicht normal und muss untersucht werden.

Grundsätzlich gilt: Lieber den Tierarzt dreimal zu oft als ein einziges Mal zu wenig rufen!

Um zu erkunden, wie schwer das Pferd erkrankt ist, kann man den Puls, die Atmung und die Temperatur messen. Das sind die so genannten PAT-Werte. Der Puls ist die Frequenz des Herzschlags. Man kann ihn mit den Fingerspitzen an der Innenseite der Ganaschen ertasten. Ein ausgewachsenes Pferd hat im Ruhezustand einen Puls von 28 bis 40 Herzschlägen in der Minute, beim Fohlen können es bis zu 80 Schläge sein. Die Atemfrequenz sieht man an den Nüstern, besser noch an den Flanken. Acht bis 16 Atemzüge je Minute sind normal, beim Fohlen 24 bis 30.

Fiebermessen ist ganz wichtig, aber manchmal nicht ganz einfach! Man stellt sich eng neben die Hinterhand des Pferdes und nimmt mit der einen Hand die Schweifrübe zur Seite. Mit der anderen Hand wird ein mit Vaseline eingefettetes Fieberthermometer in den After eingeführt. Bitte das Thermometer gut festhalten, damit es nicht plötzlich im Darm verschwindet! Zeigt das Thermometer zwischen 37,5 und 38,2 Grad an, ist alles in Ordnung. Weichen die Werte von Puls, Atmung oder Temperatur nach oben oder unten ab, muss der Tierarzt der Sache auf den Grund gehen.

PAT-Werte eines erwachsenen Pferdes im Überblick

Puls: 28 bis 40 Schläge in der Minute
Atmung: 8 bis 16 Atemzüge in der Minute
Temperatur: 37,5 bis 38,2 Grad
Die PAT-Werte sind Ruhewerte! Sie gelten nicht für Pferde, die gerade geritten worden sind.

Kolik

Die Anzeichen von Kolik können sehr unterschiedlich sein, je nachdem, wie heftig die Kolik ist. Teilnahmslosigkeit, Futter in der Krippe, keine Lust aufs Leckerli und häufiges Liegen deuten schon auf eine Kolik hin. Heftige Unruhe, Scharren mit den Vorderhufen, Hinwerfen und Wälzen, Umschauen und Schlagen nach dem Bauch und dabei Schwitzen sind höchste Alarmsignale! Da muss man sofort den Tierarzt rufen!

Bis der Tierarzt eintrifft, sollte man verhindern, dass das Pferd frisst und die Tränke füllen, um zu beobachten, ob das Pferd gesoffen hat. Eventuell muss der Patient eingedeckt und wenn möglich im Schritt geführt werden. Möchte das Pferd sich hinlegen, sollte man dies erlauben – das Pferd wird sich eine Stellung suchen, in der die Bauchdecke entlastet wird. Heftiges Wälzen kann aber zur Darmverschlingung führen und muss deswegen verhindert werden.

Durchfall

Leidet ein Pferd besonders in den Wintermonaten an häufigem Durchfall, verträgt es möglicherweise die Silage nicht. Ein solches Pferd muss stattdessen mit Heu gefüttert werden. Lässt sich der Durchfall dadurch nicht stoppen, sollte ein Tierarzt befragt werden. Häufig sind parallel dazu die Beine angelaufen, also geschwollen. Solange das Pferd nicht lahmt und mehrere Beine gleichermaßen betroffen sind, ist dies relativ ungefährlich. Viel Bewegung schafft Abhilfe.

Husten

Es ist immer sehr ernst zu nehmen, wenn ein Pferd hustet: Fieber messen und den

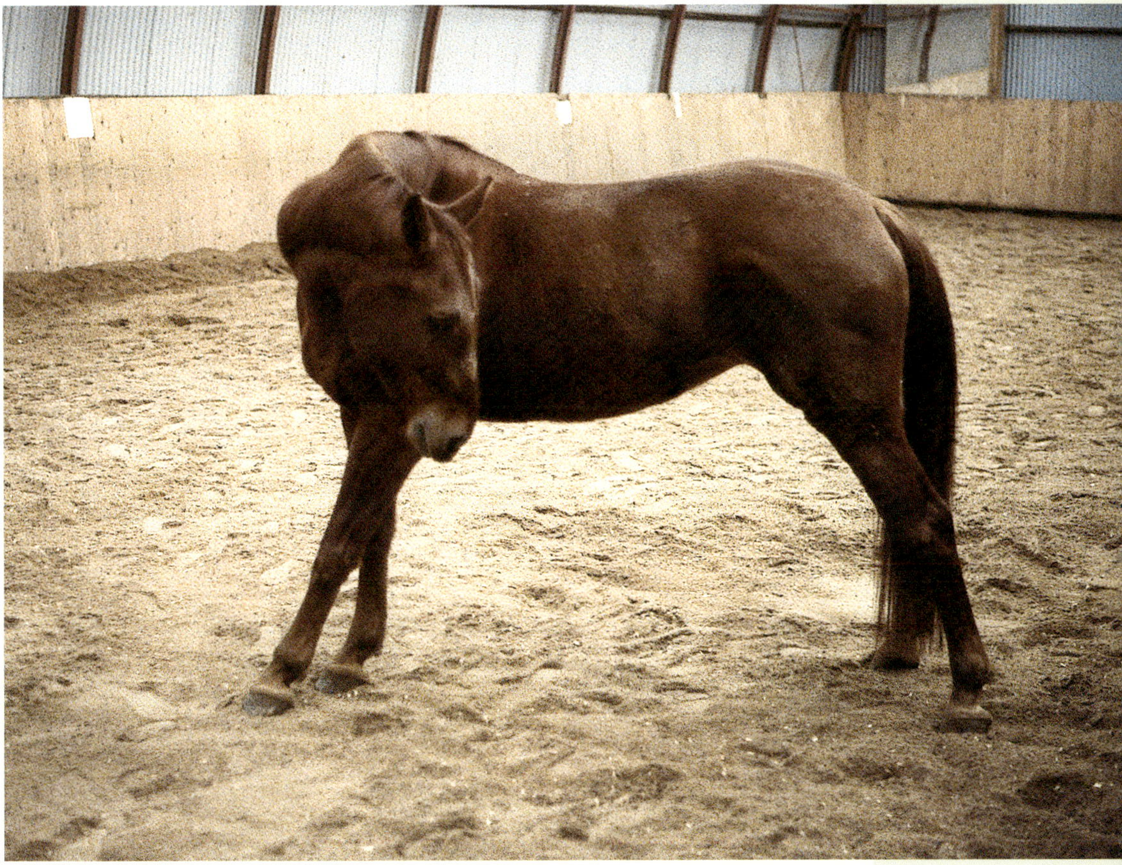

Dieses Pferd zeigt deutliche Symptome einer Kolik. Foto: Ende

Tierarzt rufen! Er kann beurteilen, ob es sich um eine harmlosere Erkältung oder eine schwere Infektion handelt. Husten kann sehr schnell zu einer chronischen Bronchitis führen. Hustenpferde brauchen viel frische Luft und leichte Bewegung, dürfen aber nicht schwitzen. Nachdem die Krankheit überstanden ist, muss das Pferd lange genug geschont werden. Für ein gutes Stallklima muss gesorgt werden.

Lahmheit

Wenn ein Pferd nicht taktrein geht oder sogar rhythmisch mit dem Kopf nickt, muss man herausbekommen, auf welches Bein das Pferd im Schritt oder Trab fällt. Fällt das Pferd zum Beispiel auf das linke Vorderbein, so sitzt der Schmerz im rechten Vorderbein. Es entlastet das kranke und belastet das gesunde Bein. Ein lahmendes Pferd darf auf keinen Fall weiter geritten werden! Beim Ausritt absteigen und das Pferd nach Hause führen.

Das kranke Bein wird sorgfältig auf Verletzungen und Schwellungen sowie auf Wärme und Pulsation (an der Innenseite oberhalb des Fesselgelenks) abgetastet. Bei plötzlichen leichten Lahmheiten hilft oft das Kühlen des betroffenen Beines mit kaltem Wasser. Ein Tierarzt muss die Ursache der Lahmheit feststellen und die richtige Behandlung durchführen.

Nageltritt

Beim Nageltritt hat sich das Pferd einen spitzen Fremdkörper in den Huf eingetreten. Wenn möglich, sollte man den Gegenstand im Huf lassen, bis der Tierarzt kommt. Anderenfalls muss man sich die Einstichstelle und die Richtung des Stichkanals merken. Außer der Infektionsgefahr ist die Möglichkeit der Verletzung der Huflederhaut, des Hufbeines und der tiefen Beugesehnen gegeben. Deshalb unbedingt den Tierarzt rufen!

Ballentritt

Ein Ballentritt ist eine offene Verletzung am Ballen, ein Kronentritt eine Verletzung der Krone, die sich das Pferd zuzieht, wenn es sich selbst tritt. Wenn das Pferd Hufeisen mit Stollen trägt, können die Verletzungen sehr schwer sein. Deshalb niemals mit Stollen verladen, auf die Weide oder in die Box bringen! Stollen müssen stets sofort aus den Eisen gedreht werden, nachdem das Springen oder der Geländeritt beendet worden ist.

Strahlfäule

Eine Strahlfäule erkennt man an dem üblen Geruch der Hufe. Sie entsteht durch ständige Nässe, in der das Pferd steht (schmutzige Box oder matschiger Paddock) und kann auch zur Lahmheit führen. Die Hufe sollten deswegen immer sauber und trocken gehalten werden. Die Strahlfäule kann man selbst behandeln, indem man einen Wattebausch mit vierprozentigem Jodoformäther (in der Apotheke erhältlich) tränkt, fest in die faulige Stelle drückt und jeden Tag erneuert, bis gesundes Horn von innen heraus nachgewachsen ist.

Mauke

Wenn die Fesselbeuge ständig nass ist, entstehen in der dort zarten Haut feine Risse. Bakterien dringen ein und verursachen nässende und aufgeschwollene Schrunden, die häufig jucken: die Mauke. Wenn das Pferd sich daran scheuert, wird das Übel über eine größere Fläche verteilt und Fessel und Fesselkopf schwellen an, sodass das Pferd unter Umständen sogar lahmt. Um Mauke vorzubeugen, müssen die Fesseln möglichst trocken gehalten werden. Eine nasse Boxenstreu oder ein matschiger Paddock bieten den Maukebakterien einen optimalen Nährboden. Nach dem Abspritzen der Beine werden die Fesselbeugen immer mit einem Handtuch sorgfältig abgetrocknet. Bei den ersten Anzeichen kann man die Stelle mit Betaisodona® desinfizieren und danach mit einer zinkhaltigen Salbe (Penatencreme®) abdecken, die austrocknend wirkt. Ist die Mauke weiter fortgeschritten, muss der Tierarzt eine spezielle Salbe verordnen.

Hufrehe

Hufrehe ist eine sehr schmerzhafte Entzündung der Huflederhaut an den Vorderhufen. Die Pferde versuchen im Stehen, die Vorderbeine zu entlasten, oder legen sich hin. Hufrehe entsteht vor allem durch Fütterungsfehler (zu viel Kraftfutter oder Silage) oder im Frühjahr, wenn ein Pferd nicht vorsichtig genug an die

Bei einer Hufrehe versuchen die Pferde, die Vorderbeine vorzustellen, um die schmerzenden Hufe zu entlasten. Foto: Ende

Weide gewöhnt wurde und große Mengen Gras gefressen hat. Ponys sind besonders gefährdet und dürfen nur auf Koppeln mit magerem Gras gestellt werden.

Schlundverstopfung

Bei einer Schlundverstopfung hat ein Pferd zum Beispiel viel zu hastig gefressen oder einen ganzen Apfel hinuntergeschluckt, sodass die Speiseröhre verstopft ist (die Speiseröhre eines Pferdes ist erstaunlich dünn!). Weil es nicht erbrechen kann, leidet das Pferd sehr! Es steht mit gesenktem Kopf, würgt, hat Atemnot und nimmt weder Wasser noch Futter auf. Aus den Nüstern läuft häufig Futterbrei. Hier muss sofort ein Tierarzt helfen!

Kreuzverschlag

Den Kreuzverschlag nennt man auch „Feiertagskrankheit", weil diese Krankheit durch zu viel Kraftfutter bei zu wenig Bewegung entstehen kann. Die Muskulatur wird plötzlich steif und die Pferde gehen freiwillig keinen Schritt. Sie schwitzen stark und haben große Schmerzen. Der Urin ist braunrot verfärbt. Ein Notfall, der schnellstmöglich vom Tierarzt behandelt werden muss!

Haupt- oder Gewährsmängel

Bis zum Jahr 2002 galt eine altes Gesetz aus dem Jahr 1899, nach der ein Verkäufer ein Pferd wieder zurücknehmen oder den Kaufpreis erstatten musste, wenn innerhalb von 14 Tagen nach Verkauf des Tieres einer der sechs Hauptmängel auftrat. Diese chronischen, unheilbaren Krankheiten, die zur Unbrauchbarkeit des Pferdes führen, waren:

- Rotz
  (eine hochgradig ansteckende Seuche)
- Periodische Augenentzündung
  (sie kann zur Erblindung führen)
- Dummkoller
  (eine unheilbare Gehirnerkrankung)
- Koppen
  (eine Verhaltensstörung, bei der das Pferd Luft schluckt)
- Kehlkopfpfeifen
  (Erkrankung der Luftröhre oder des Kehlkopfes)
- Dämpfigkeit
  (chronische Erkrankung der Atemwege und Lunge)

Heute hat ein modernes, dem Verbraucherschutzgesetz angepasstes Gesetz diese Regelung abgelöst: Der Verkäufer haftet nun für eine Vielzahl von Mängeln und er ist derjenige, der beweisen muss, dass diese Mängel zum Zeitpunkt des Verkaufs nicht bestanden haben. Der Käufer hat zwei Jahre Zeit, einen Mangel einzuklagen, bei arglistiger Täuschung sogar drei Jahre.

Allgemein gilt: Bis der Tierarzt eintrifft, kann man in allen akuten Fällen dem Pferd helfen, indem man selbst ruhig bleibt und Schaulustige bittet sich zu entfernen! Bei kühlem Wetter sollte das Pferd eingedeckt werden. Offene Wunden nicht berühren – auch nicht, wenn sie verschmutzt sind. Fremdkörper nach Möglichkeit nicht entfernen! Schwere oder stoßweise Blutungen muss man zu stoppen versuchen, indem man einen Druckverband anlegt. Nur bei einer Kolik wird das Pferd eingedeckt geführt, in allen anderen Fällen wird das Pferd ruhig gehalten, bis Hilfe durch den Tierarzt eintrifft.

Sicherheit und Unfallschutz

Bei der Sicherheit im Umgang mit dem Pferd geht es nicht darum, Grundsätze auswendig zu lernen, sondern um Erkenntnisse, die man sich zu eigen machen muss, um den Umgang mit dem Pferd möglichst sicher zu gestalten. Aus Gewohnheit („andere tun das ja auch"), aus Bequemlichkeit und im Vertrauen darauf, dass noch nichts passiert ist, werden immer wieder grobe Fehler gemacht, die schlimme Folgen haben können. Über zehn Prozent aller Unfälle im Reitsport geschehen im Umgang mit dem Pferd!

> ! Nie vergessen: Pferde sind Fluchttiere und daher sehr schreckhaft!

Sicherheit im Stall

- Immer ein Pferd ansprechen, bevor man sich ihm nähert.
- Nie von hinten an ein Pferd herangehen.
- Ohren und Mienenspiel des Pferdes beobachten. Döst das Pferd vielleicht gerade oder droht es?
- Alle Gegenstände beiseite räumen, die herabfallen, umfallen oder in die das Pferd hineintreten könnte (Halfter auf dem Fußboden, herumliegendes Putzzeug und Stallgerätschaften).
- Den Strick, der immer einen Panikhaken haben muss, nur mit einem Sicherheitsknoten befestigen.
- Ein Pferd niemals an beweglichen Gegenständen wie Türen oder Tischen, an dünnen Bäumchen oder gar Ästen anbinden!
- Nie mit dem Zügel der Trense anbinden, sondern immer aufhalftern.
- Im Stall nicht laufen und rennen, mit Bällen spielen, mit dem Fahrrad fahren oder unnötig Lärm machen, um die Pferde nicht zu erschrecken.

Sicherheit beim Führen

- Das Pferd wird grundsätzlich an den Zügeln der Trense geführt. Nur wer sein Pferd gut kennt, kann es in vertrauter Umgebung am Halfter führen.

- Immer festes Schuhwerk tragen. Niemals barfuß oder in Sandalen in die Nähe von Pferdefüßen gehen!
- Der Führende geht immer in Schulterhöhe an der linken Seite des Pferdes und nicht vor dem Pferd, damit es den Menschen nicht umrennen kann, oder hinter dem Pferd, da man das Pferd sonst nicht daran hindern kann loszustürmen.
- Man wendet das Pferd immer nach rechts, wobei die linke Hand in Richtung des Pferdeauges erhoben wird, um die Wendung zu unterstützen. So kann das Pferd nicht in den Führenden hineinspringen.
- Niemals den Führstrick um die Hand oder um Finger wickeln!
- Werden mehrere Pferde hintereinander geführt, sollte man mindestens fünf Meter Abstand einhalten. Schlägt dann ein Pferd aus, kann es den nachfolgenden Menschen nicht treffen.
- Boxen-, Reithallen- und Bandentüren immer weit öffnen. Enge Durchgänge vermeiden.
- Wird ein Pferd auf die Weide geführt, wird es mit dem Kopf in Richtung Ausgang gedreht, angehalten und dann erst vom Strick befreit. Das Pferd nie einfach losrennen lassen.
- Niemals ein Pferd allein auf der Koppel zurücklassen.

Das Pferd ist ein Herdentier: Es ist allein viel leichter verunsichert als in der Gruppe.

Sicherheit für den Reiter

Auch wenn für die Basispassprüfung keine Reitkenntnisse erforderlich sind, sollen hier einige wichtige Sicherheitspunkte angesprochen werden.

- Immer einen Reithelm mit Drei- oder Vierpunktbefestigung tragen.
- Stiefel oder Stiefeletten müssen eine glatte, durchgängige Sohle und einen Absatz haben. Turnschuhe oder Schuhe mit einer dicken Profilsohle sind zum Reiten ungeeignet.

- Lange Haare zusammenbinden.
- Lange Schals vermeiden oder fest verknoten. Sie können im Unglücksfall zur tödlichen Gefahr werden.
- Jacken schließen oder ausziehen. Offene Jacken flattern herum und erschrecken nicht nur das eigene Pferd.
- Sattelzeug stets in gepflegtem Zustand halten. Besonders Sattelstrupfen, Steigbügelriemen und Zügel immer wieder auf Schäden kontrollieren.

Sicherheit für das Pferd

- Beim täglichen Putzen stets Sattellage, Kopf und Beine auf Druckstellen und kleine Verletzungen kontrollieren.
- Auf einwandfreien Zustand der Hufe und gegebenenfalls des Beschlags achten.
- Nach dem Reiten Hufe auf eingetretene Steine untersuchen.
- Das Pferd nicht überfordern und übermüden.

Sicherheit beim Verladen

- Auf einwandfreien technischen Zustand des Zugfahrzeugs und des Pferdeanhängers achten.
- Ruhe bewahren!
- Niemals direkt hinter dem Pferd stehen, wenn die hinteren Sicherheitsstangen eingehängt oder gelöst werden. Viele Pferde sind beim Verladen nervös und könnten ausschlagen.
- Nie hinter der Verladerampe stehen, wenn ein Pferd ausgeladen wird.
- Das Pferd im Anhänger nicht zu lang oder zu kurz anbinden, immer den Sicherheitsknoten verwenden!
- Die Beine und Kronränder des Pferdes mit geeigneten Transportgamaschen schützen, eine Decke gegen Zugluft auflegen.

Erste Hilfe im Notfall

Bei einem Unfall kann richtig ausgeführte erste Hilfe Leben retten. Deshalb ist es wichtig, dass man weiß, was im Notfall zuerst zu tun ist. Das gilt ebenso für Erwachsene wie für Kinder und Jugendliche.

Sofern möglich, sollte als Erstes ein Notarzt oder der Rettungsdienst alarmiert werden. Was und in welcher Reihenfolge zu tun ist, richtet sich nach dem Zustand des Verletzten.

AHA-Regel

Wenn nach einem Unfall eine verletzte Person am Boden liegt, muss nach der AHA-Reihenfolge der Zustand des Verunglückten abgeklärt werden:

A = Ansprechbarkeit erfragen
H = Herzschlag (Puls) überprüfen
A = Atmung kontrollieren

Danach richtet sich, was weiter zu tun ist. Die Grafik verdeutlicht es.

A

Bewusstsein vorhanden? (Den Verletzten **ansprechen**, berühren, eventuell in den Arm kneifen)

Ja → Der Verletzte wird in einer für ihn bequemen Haltung gelagert, mit einer Decke zugedeckt und beruhigt. Das Bewusstsein wird natürlich ständig kontrolliert. Ist die Haut blass und kalt und der Puls schnell und schwach? Dann besteht Schockgefahr und der Verletzte muss in die Schocklage (siehe Seite 76) gebracht werden

Nein → Puls kontrollieren (an der Halsschlagader) und Atmung kontrollieren

H
A

Puls **(Herzschlag)** und **Atmung** vorhanden?

Ja → Stabile Seitenlage (siehe Seite 75)

Nein → Wiederbelebung durch Beatmung und Herzmassage (ABC-Regel, siehe Seite 75)

ABC-Regel

Setzen Atmung und Puls aus, muss so schnell wie möglich eine Wiederbelebung nach der „ABC-Regel“ erfolgen!

A = Atemwege freimachen
(Lage der Zunge prüfen, Erbrochenes aus dem Mundraum entfernen, Kragen öffnen)

B = Beatmen
(Mund zu Mund oder Mund zu Nase)

C = Compression (Herzmassage)

Bei der Herzmassage drückt man fünfzehnmal schnell und kräftig mit den übereinander gelegten Handballen rhythmisch auf das untere Drittel des Brustbeins. Danach wird der Verletzte zweimal beatmet, dann wieder Herzmassage und so weiter. Zwischendurch immer wieder kontrollieren, ob Atmung und Puls wieder eingesetzt haben. Falls nicht, die Maßnahmen wiederholen.

Herzmassagen sollten nicht durch ungeübte Personen ausgeführt werden! Im Zweifel soll aber lieber eine Rippe gebrochen werden, als dass der Verletzte stirbt, weil alle Anwesenden sich für „ungeübte Personen“ halten. Dass der Notarzt gerufen wurde, ist in diesem Fall wohl klar.

Stabile Seitenlage

Ist der Verunglückte bewusstlos, aber Atmung und Puls sind vorhanden, wird er in die stabile Seitenlage gebracht. In dieser Lage kann der Verletzte nicht ersticken.

Nachdem man die Atemwege kontrolliert, die Zunge in ihre normale Position gebracht und gegebenenfalls Erbrochenes aus dem Mundraum entfernt hat, wird der Patient vorsichtig

Liegt der Patient in der stabilen Seitenlage, kann er nicht an Erbrochenem oder an Blut ersticken. Zeichnung: Hagen

auf die Seite gerollt, das untere Bein wird angewinkelt und verhindert somit, dass der Patient nach vorn rollt. Der untere Arm wird leicht unter dem Körper nach hinten geführt und im Rücken abgelegt. Er verhindert das Zurückrollen. Der Kopf wird leicht nach hinten geneigt und mit der Hand des oberen Armes fixiert. Das Gesicht muss ein wenig zum Boden zeigen, damit Blut und Erbrochenes nicht in die Luftröhre fließen können. Eine Decke schützt vor Auskühlung.

> Auch wenn befürchtet wird, dass die Wirbelsäule verletzt sein könnte, hat die stabile Seitenlage bei einem Bewusstlosen Vorrang!

Schocklage

Ein Schock zeigt sich durch blasse und kalte Haut und einen sehr schnellen, aber kaum fühlbaren Puls. Der Verletzte ist aber nicht bewusstlos. Da der Schock sehr gefährlich sein kann, muss die Person schnell in die so genannte Schocklage gebracht werden. Dazu wird sie flach auf eine Decke gelegt und die Beine werden hoch gelagert, damit das Blut wieder zum Gehirn fließen kann. Ist aber eventuell die Wirbelsäule verletzt, wird der Verletzte, solange er nicht ohnmächtig ist, nicht bewegt.

Erste Hilfe bei sonstigen Verletzungen

Muskelzerrungen und Prellungen sind sehr häufige Verletzungen bei Stürzen vom und mit dem Pferd. Hier wird nach der Reihenfolge „DRK“ vorgegangen:

D = Druck durch einen Kompressionsverband mit einer elastischen Binde.

R = Ruhigstellung, eventuell indem der Arm oder das Bein hoch gelagert und geschont wird.

K = Kühlen mit Eis oder einem Kühlkissen. Das Kühlelement immer in ein Handtuch einschlagen, damit die Haut keinen Schaden nimmt. Bis zu zehn Stunden nach der Verletzung kann gekühlt werden.

> Bei Muskelzerrungen und Prellungen dürfen weder Wärme noch Massagen angewendet werden!

Wenn eine Wunde stark blutet, wird ein Druckverband angelegt. Die Wunde darf wegen der Infektionsgefahr nicht mit Salbe oder anderen Medikamenten versorgt werden. Schießt hellrotes Blut in rhythmischen Stößen aus der Wunde, muss die verletzte Gliedmaße oberhalb der Verletzung abgebunden werden.

Verrenkungen und Knochenbrüche dürfen nur von erfahrenen Personen versorgt werden. Hier muss schnell ein Arzt helfen!

> In jedem Reitstall muss sich ein vollständiger Verbandskasten befinden, den jeder auch in einer Stresssituation finden kann. Der Inhalt des Erste-Hilfe-Kastens muss regelmäßig kontrolliert und wenn nötig ausgetauscht oder ergänzt werden.

Versicherungsfragen

Beim Umgang mit dem Pferd und beim Reiten entstehen immer Gefahrensituationen! Deshalb ist ein guter Versicherungsschutz absolut notwendig.

- Die private Haftpflichtversicherung:
  Jeder Mensch – ob Reiter oder nicht – sollte haftpflichtversichert sein. Wer einen Schaden schuldhaft oder fahrlässig verursacht, haftet immer! Diese Versicherung deckt Schäden ab, die ein Reiter gegenüber Dritten verursacht.
- Die Pferdehaftpflichtversicherung:
  Jeder Pferdebesitzer sollte unbedingt eine Haftpflichtversicherung für sein Pferd abschließen! Diese Versicherung deckt Schäden ab, die das Pferd anrichtet. Wichtig: Der Pferdehalter sollte sich erkundigen, ob die Versicherung auch das so genannte „Fremdreiterrisiko" einschließt für den Fall, dass eine andere Person sich um das Pferd kümmert und dabei zu Schaden kommt. Wer ein Pferd zur Verfügung gestellt bekommt, sollte unbedingt einen Vertrag mit dem Pferdebesitzer schließen, in dem festgelegt wird, wer für die Kosten (Boxenmiete, Schmied, Tierarzt, Ausrüstung) aufkommt. Musterverträge sind bei der FN erhältlich.
- Die Unfallversicherung:
  Jedes Mitglied eines Reitvereins ist über den Landessportverband gegen Unfall versichert. Da die Versicherungsbeiträge jedoch sehr gering sind, decken sie die entstandenen Schäden meist nur unzureichend ab. Deshalb ist es sinnvoll, zusätzlich eine private Unfallversicherung abzuschließen. Sie sollte Invalidität, Teilarbeitsunfähigkeit und Erwerbsunfähigkeit mit absichern.
- Die Tierlebensversicherung:
  Schäden am eigenen Pferd können nur durch eine Tierlebensversicherung abgesichert werden. Es gibt drei Versicherungsmöglichkeiten: Tod, Nottötung (wird wie Tod behandelt, wenn das Tier nach menschlichem Ermessen in absehbarer Zeit gestorben wäre) und Unbrauchbarkeit als Reitpferd oder gegebenenfalls als Zuchtpferd. Da die Versicherungsprämien sehr hoch sind, lohnt sich diese Versicherung eigentlich nur für sehr wertvolle Pferde.

Verantwortung gegenüber dem Pferd

Tierschutzgesetz

Wer sich für ein Pferd entscheidet – ob nun als eigenes Pferd, als Reitbeteiligung oder als Pflegepferd – übernimmt damit Verantwortung! Er wird das Pferd nicht als Sportgerät betrachten, das man wegstellen und wieder hervorholen kann, sondern als Freund, dem man Achtung und Respekt zollt und den man liebt. Deswegen hat man die Pflicht, sich über die Bedürfnisse seines Tieres zu informieren und sein Leben so zu gestalten, dass es gesund bleibt und sich wohl fühlt. Das Tierschutzgesetz regelt den Umgang der Menschen mit den ihnen anvertrauten Tieren.

Paragraph 1, der wichtigste Paragraph, steht wie eine Überschrift über allen anderen Paragraphen. Er lautet: „Niemand darf einem Tier ohne vernünftigen Grund Schmerzen, Leiden oder Schäden zufügen."

Paragraph 2 fordert: „Wer ein Tier betreut, muss das Tier seiner Art und seinen Bedürfnissen entsprechend ernähren, pflegen und verhaltensgerecht unterbringen. Er darf die Möglichkeit des Tieres, sich artgerecht zu bewegen, nicht so weit einschränken, dass ihm Schmerzen, Leiden oder Schäden zugefügt werden. Er muss über entsprechende Kenntnisse und Fähigkeiten verfügen."

Paragraph 3 verbietet, „... einem Tier außer in Notfällen Leistungen abzuverlangen, denen es wegen seines Zustandes offensichtlich nicht gewachsen ist oder die offensichtlich seine Kräfte übersteigen ..."

Es ist verboten, an einem Tier Maßnahmen anzuwenden, die beim Training oder auch bei Wettkämpfen Leiden, Schmerzen oder Schäden verursachen, um die Leistung zu steigern; als Beispiel seien das „Barren" beim Springen oder das Einwickeln harter, spitzer Gegenstände in die Bandagen genannt. Es ist verboten, zur Steigerung der Leistung Dopingmittel anzuwenden! Ebenso verboten ist, ein gebrechliches, altes oder krankes Tier, für das ein Weiterleben ohne Schmerzen und Leiden nicht möglich ist, zu einem anderen Zweck als zur unverzüglichen schmerzlosen Tötung zu verkaufen oder zu erwerben.

Auch unsachgemäße Ausbildung, unverantwortlicher Umgang mit scharfen Gebissen, falscher Gebrauch von Hilfszügeln sowie nicht artgerechte Haltung verursachen Schmerzen und Leiden und sind somit gesetzlich verboten. Wer gegen das Tierschutzgesetz verstößt, macht sich strafbar!

Ethische Grundsätze der FN

Die Deutsche Reiterliche Vereinigung (FN) hat auf der Grundlage des Tierschutzgesetzes die Beziehung des Menschen zum Pferd in ihren „Ethischen Grundsätzen" festgeschrieben. Sie gehen aber viel weiter. Im Umgang mit dem Pferd zeigt sich, wie der Reiter grundsätzlich zu seinem Pferd oder seinem Pflegepferd steht und von ihm spricht. Ist es nur „der Bock" oder ist es ein „Freund" und „Partner"? Speziell für Kinder und Jugendliche hat die FN zudem eine wunderbare „Übersetzung" dieser Ethischen Grundsätze geschrieben (*Das 1 x 9 der Pferdefreunde*), die hier unter den einzelnen Punkten zitiert werden.

---

1. Wer auch immer sich mit dem Pferd beschäftigt, übernimmt die Verantwortung für das ihm anvertraute Leben.

„Pferde sind auf uns Menschen angewiesen. Wir Pferdefreunde tragen die Verantwortung dafür, dass es jedem einzelnen Pferd gut geht – auch du."

2. Die Haltung des Pferdes muss seinen natürlichen Bedürfnissen angepasst sein.

„Pferde brauchen Wasser und Futter, Licht und Luft, viel Bewegung und Kontakt zu anderen Pferden. Wir Pferdefreunde sorgen dafür, dass es jedem Pferd gut geht – auch du."

3. Der physischen wie psychischen Gesundheit des Pferdes ist unabhängig von seiner Nutzung oberste Bedeutung einzuräumen.

„Gesundheit und Zufriedenheit des Pferdes sind wichtiger als Erfolg um jeden Preis. Uns Pferdefreunden geht das Wohl jedes einzelnen Pferdes vor – auch dir."

4. Der Mensch hat jedes Pferd gleich zu achten, unabhängig von seiner Rasse, seinem Alter und Geschlecht sowie seinem Einsatz in Zucht, Freizeit oder Sport.

„Alle Pferde verdienen Pflege und Zuneigung, egal ob jung oder alt, Weidepony oder Turnierpferd, Zuchthengst oder ausgedientes Schulpferd. Wir Pferdefreunde wissen, dass alle Pferde gleich gut behandelt werden müssen – auch du."

5. Das Wissen um die Geschichte des Pferdes, um seine Bedürfnisse sowie die Kenntnisse im Umgang mit dem Pferd sind kulturgeschichtliche Güter. Diese gilt es zu wahren und zu vermitteln und nachfolgenden Generationen zu überliefern.

„Zwischen Menschen und Pferden besteht seit Tausenden von Jahren eine enge Verbindung. Wir Pferdefreunde sind bereit, vom enormen Wissen früherer Zeiten und fremder Kulturen über Pferde zu lernen – auch du."

6. Der Umgang mit dem Pferd hat eine persönlichkeitsprägende Bedeutung insbesondere für junge Menschen. Diese Bedeutung ist stets zu beachten und zu fördern.

„Pferde spüren Ungeduld und Unbeherrschtheit. Sie belohnen Freundlichkeit und Geduld. Wir Pferdefreunde lernen gern von unseren Pferden – auch du."

7. Der Mensch, der gemeinsam mit dem Pferd Sport betreibt, hat sich und das ihm anvertraute Pferd einer Ausbildung zu unterziehen. Ziel jeder Ausbildung ist die größtmögliche Harmonie zwischen Mensch und Pferd.

„Pferde und Menschen brauchen für den gemeinsamen Sport eine gute Ausbildung, die nie aufhört. Das wichtigste Ziel für uns Pferdefreunde ist die harmonische Verständigung mit dem Pferd – auch für dich."

8. Die Nutzung des Pferdes im Leistungs- sowie im allgemeinen Reit-, Fahr- und Voltigiersport muss sich an seiner Veranlagung, seinem Leistungsvermögen und seiner Leistungsbereitschaft orientieren. Die Beeinflussung des Leistungsvermögens durch medikamentöse sowie nicht pferdegerechte Einwirkung des Menschen ist abzulehnen und muss geahndet werden.

„Pferde verfügen über unterschiedliches Talent und Leistungsvermögen. Wir Pferdefreunde respektieren die natürlichen Grenzen eines Pferdes und beeinflussen seine Leistungsfähigkeit nicht durch Gewalt, Zwang und Medikamente – auch du nicht."

9. Die Verantwortung des Menschen für das ihm anvertraute Pferd erstreckt sich auch auf das Lebensende des Pferdes. Dieser Verantwortung muss der Mensch stets im Sinne des Pferdes gerecht werden.

„Pferde haben ein kürzeres Leben als Menschen. Auch am Lebensende lassen wir Pferdefreunde unser Pferd nicht im Stich und ersparen ihm unnötige Angst, Schmerzen und Qualen – auch du."